Osez... l'amour pendant la grossesse

dans la même collection

Osez tout savoir sur la fellation, Dino
Osez l'échangisme, Hélène Barbe
Osez faire l'amour partout sauf dans un lit, Marc Dannam
Osez les jeux érotiques, Dominique Saint-Lambert
Osez le sexe sur Internet, Thomas Perrin
Osez tout savoir sur le SM, Gala Fur
(Pour vous les filles) Osez les conseils d'un gay pour faire l'amour à un homme, Érik Rémès
Osez la fessée, Italo Baccardi
Osez vivre nu, Marc Dannam
Osez le sexe selon les astres, Brigitte Lahaie
Osez le bondage, Axterdam
Osez tourner votre film X, Ovidie
Osez préparer votre corps à l'amour, Italo Baccardi
Osez faire l'amour à 2, 3, 4, Marc Dannam
Osez les nouveaux jeux érotiques, Velvet et Dominique Saint-Lambert
Osez découvrir le point G, Ovidie
Osez la bisexualité, Pierre des Esseintes
Osez le Kama Sutra, Marc Dannam et Axterdam
Osez la chasse à l'homme, Jane Hunt
Osez réussir votre nuit de noces, Marc Dannam
Osez la sodomie, Coralie Trinh Thi

Illustration de couverture : Arthur de Pins
Illustrations intérieures : Axterdam
Conception graphique : Carole Peclers, Monique Plessis

122, rue du Chemin-Vert
75011 Paris

ISBN : **978-2-84271-298-3**
ISSN : 1768-496X

« De par la position de contenir ce petit être qui grandit en elle, il y a position d'accueil d'une infinité de sensations et exacerbation et célébration de la position féminine : position d'accueil et d'ouverture consistant à se laisser faire par la vie plus qu'à chercher à la maîtriser. Je crois que cette position change quelque chose dans le vécu et l'ouverture à la sexualité. Dans l'état que je décris ici, certaines femmes peuvent avoir une intense soif de sexualité. »

Catherine Bergeret-Amselek, *Le Mystère des mères*, éditions Desclée de Brouwer, 2005.

sommaire

Introduction 9

1. Le premier trimestre 19

2. Le second trimestre 37

3. Le dernier trimestre 51

4. Le futur papa 79

5. Après l'accouchement 105

Conclusion 121

introduction

La maman et la putain

« Donner naissance est essentiellement réduit à son expression physique alors que le processus est aussi un acte psychique qui prend appui et transforme le sentiment qu'éprouve la femme de sa propre identité. »
Jacques Dayan, *Maman, pourquoi tu pleures ?*, éditions Odile Jacob, 2002.

Nombreux seront celles et ceux surpris par le fait qu'un auteur au passé aussi sulfureux – voire méprisé – que le mien décide de se lancer dans un projet de guide traitant à la fois de sexualité et de la sacro-sainte parentalité. D'autres hurleront probablement que ma place n'est absolument pas à la rédaction d'un tel ouvrage et qu'il en incomberait plutôt à un médecin, un gynécologue ou bien une sage-femme. Seulement voilà, aucune de ces professions ne s'est attelée à la tâche jusqu'à présent. Les informations circulant sur la sexualité de la grossesse et du post-partum sont bien maigres. S'essaiment à peine çà et là, dans des guides conçus comme des livres de bord de la future maman, quelques suggestions de positions compatibles avec un gros ventre, lequel par ailleurs ne devient gênant qu'à partir de six mois. Quelle est donc la sexualité d'une future maman enceinte de moins de six mois ? Quelle sera sa sexualité après la naissance de son enfant ? Les modifications de la sexualité d'une femme qui s'apprête à devenir mère, c'est-à-dire à devenir une nouvelle femme, se résument-elles à la vague gêne d'un ventre imposant ? Bien évidemment non. **Lorsqu'une femme décide de se lancer dans cette formidable aventure qu'est la maternité, elle peut s'attendre à voir sa vie sexuelle se transformer « incroyablement ».**

Alors, pourquoi réunir dans ce guide ces deux thèmes souvent opposés que sont la maternité et la sexualité ? La première raison, pourtant évidente, est que les enfants ne se conçoivent pas en se regardant dans le blanc des yeux. En ce sens nous pouvons affirmer que la conception, la gestation, ainsi que l'accouchement lui-même sont des processus sexuels. La seconde est que sexualité et maternité sont justement les deux piliers fondateurs de la féminité.

Selon une coutume parfaitement idiote, notre société divise les femmes en deux grandes catégories : les mamans et les putains. D'un côté les femmes qui sont respectables et avec qui l'on pourrait éventuellement fonder une famille et de l'autre celles qui ne servent qu'à assouvir les pulsions sexuelles, les « femmes frisson » opposées aux « femmes maison ». Seulement voilà, quarante années de féminisme ont donné envie de revendiquer le droit d'être à la fois des mères, des amantes, des putains respectables et des compagnes, sans avoir à choisir une de ces castes en particulier.

Car au fond, quelle pourrait être la définition d'une femme ? Qu'est-ce qui nous différencie autant des hommes ?

Un jour, une militante d'un mouvement queer, refusant de cataloguer les hommes et les femmes dans des rôles prédéfinis, m'avait écrit : « *Il n'y a pas réellement de différence entre les hommes et les femmes. C'est la société qui crée des moules de féminité et de masculinité. Si l'on décide de ne pas subir la pression sociale, on peut considérer qu'un homme peut être une femme et inversement.* » En gros, il suffirait de porter une jupe et de parler avec une voix fluette pour se revendiquer femme. Je lui avais répondu, sans chercher à argumenter : « *Tu comprendras la différence entre les hommes et les femmes le jour où tu pousseras, les jambes écartées, sur une table de maternité.* » Cette réponse brute et découragée n'est pas aussi idiote qu'elle paraît. En définitive, les deux principales différences qui existent entre les femmes et les hommes se situent au niveau de leurs capacités à jouir et à enfanter.

C'est donc cela, la première différence entre les hommes et les femmes : cette capacité à « fabriquer des bébés » que les hommes nous envient souvent. Rien d'innocent à ce qu'aujourd'hui l'accouchement soit surmédicalisé, les parturientes remises corps et âme aux mains de leur gynécologue, et que l'on parle de plus en plus d'« utérus artificiel » pour enfin réussir à se passer des femmes dans le processus de la naissance. Cette différence entre les hommes et les femmes en entraîne une autre : celle d'avoir un appareil reproducteur interne, d'une autre sensibilité, d'une autre fonction que l'éjaculation procréatrice, capable d'extraordinaires orgasmes qui ne trouvent aucune justification reproductive.

Cette capacité à enfanter engendre également la présence chez les femmes d'une poitrine, ces « mamelles » destinées à nourrir la future progéniture, qui jouent un rôle important dans la sexualité aussi bien féminine que masculine. Ces seins sont les acteurs d'un processus de sécrétion d'une hormone que l'on retrouve aussi bien lors de l'allaitement que de l'accouchement ou même de l'orgasme : l'ocytocine.

Cette incroyable machine à fabriquer des bébés ne saurait fonctionner sans une très complexe combinaison endocrinienne. Vous l'avez appris à l'école, les hommes et les femmes ne sécrètent pas les mêmes hormones et pas de la même manière. Une femme, sauf pathologie, est un être cyclique rythmé par la venue plus ou moins régulière de ses règles. Cela peut paraître idiot, mais une femme vit avec du sang dans sa culotte cinq jours par mois, soixante jours par an, deux mille sept cents jours dans sa vie. Et tout cela sans compter les saignements post-partum qui surviendront à chacun de ses accouchements et qui durent environ deux à trois semaines. Une femme est un être qui s'écoule, habitué à baigner dans son sang menstruel. Ce détail peut vous sembler anodin, il a pourtant son importance.

Mais, alors que les femmes auraient dû se réjouir de ces capacités (d'une part de pouvoir enfanter, d'autre part d'avoir une sexualité plus riche, plus complexe que celles des hommes, et surtout multi-orgasmique), elles ont au contraire vécu cette situation comme un fardeau. Le cheval de bataille du féminisme a justement été de lutter contre ces deux statuts extrêmes de poule pondeuse et d'objet sexuel.

Instaurant la lutte contre ces clichés, les féministes n'ont jamais fait que conforter l'éternel clivage entre la maman et la putain, servant ce qu'elles croyaient combattre, répartissant les femmes entre les « respectables », les femmes dites « de tête » qui font passer l'intellect et la réussite professionnelle avant tout, et les autres, les femmes « de corps » qui ont pour tort de s'intéresser à leur apparence et à leur plaisir sexuel. Il existe donc un nouveau clivage dans notre société actuelle : celui entre l'intello mal baisée et la poupée Barbie complètement idiote.

Les deux plus importants combats féministes du siècle dernier ont été la lutte pour le contrôle des grossesses (pilule, IVG, etc.) et l'aversion contre toute représentation de la sexualité dans les médias (pornographie, publicité, magazine, mode...). Leur combat a été évidemment bien fondé dans une certaine mesure. Par exemple, la légalisation de l'IVG a été une décision plus que nécessaire. Et on peut également comprendre le ras le bol de certaines femmes face aux débordements qui peuvent survenir parfois au sein de la pornographie ou de la publicité. Cependant, comme tout mouvement militant, leurs revendications ont malheureusement sombré dans un extrémisme diamétralement opposé : lutte irraisonnée contre le sexe explicite, rejet de la maternité, accouchement contrôlé et surmédicalisé. Alors qu'elles ont cru s'être libérées, les femmes sont tombées dans un quadruple esclavage : assurer au boulot, assurer comme mères, assurer au lit, assurer esthétiquement en devenant soumises aux nouvelles modes corporelles. « Assurer » est le terme emblème de notre nouvelle soumission à toutes. Est-ce que j'apporte à mon enfant tout le bonheur qu'il mérite ? Suis-je reconnue dans mon travail ? Suis-je bien habillée ? Est-ce que je n'ai pas un peu grossi ces derniers temps ? Est-ce que je suis « baisable » ?

Il aura fallu que je sois à mon tour enceinte pour la première fois et que je fasse diverses formations dans le domaine de la périnatalité par la suite pour prendre conscience d'une chose : le féminisme, dans sa lutte – justifiée – pour la contraception, avait malheureusement complètement délaissé le domaine de la maternité. J'ai découvert avec stupéfaction, au cours de ma grossesse, un certain nombre de faits alarmants. 80 % des femmes subissent une épisiotomie lors de leur premier accouchement, la plupart du temps sans qu'on leur demande leur avis. Le gynécologue (ou la sage-femme) prend ainsi la décision, sans en informer la mère, de trancher son sexe d'un coup de ciseau et sur plusieurs centimètres. En Île-de-France, environ

90 % des femmes accouchent sous péridurale. Un chiffre plutôt inquiétant si l'on considère la péridurale comme une option, une roue de secours, et non comme un acte systématique. Là où cette anesthésie aurait du être un progrès pour les femmes, elle est au contraire devenue un instrument pour les faire accoucher à la chaîne tout en les empêchant de crier trop fort. La péridurale serait-elle devenue un bâillon ?

La grossesse et l'accouchement, moments inoubliables de notre vie de femme, sont devenus surmédicalisés, peu respectés, déshumanisés. À quoi se limite notre suivi de grossesse ? Échographies, prises de sang, péridurale, épisiotomie. Nous ne sommes plus des individus, mais des mammifères à qui l'ont fait subir un certain nombre d'examens techniques au détriment de l'aspect humain. Ces dérives ont donné naissance à des professions parfois malheureusement décriées par l'Ordre des Médecins : il s'agit des accompagnantes à la naissance et des doulas[1]. Ces femmes, ayant souvent vécu la déception d'avoir eu un accouchement « volé » par des équipes médicales, suivent à leur tour de futures mamans afin d'apporter le soutien psychologique et humain qui fait terriblement défaut dans les couloirs des maternités. À l'encontre de la surmédicalisation qui nous dépossède de nos corps, ces femmes redonnent confiance et réapprennent à donner naissance en harmonie avec le bébé.

1. Le mot « doula » est utilisé dans le domaine de la périnatalité pour nommer une femme qui a pour vocation d'aider une autre femme et son entourage pendant la grossesse, l'accouchement et la période postnatale grâce à son expérience et à sa formation. Pour plus d'informations, consulter le site www.doulas.info.

Une autre tendance refait également surface, il s'agit de l'accouchement à domicile. À l'instar des Pays-Bas où 30 % des naissances se déroulent tranquillement à la maison, certaines décident de faire de même, souvent après avoir été déçues par la « méthode médicale ». La difficulté étant qu'en France les sages-femmes libérales sont extrêmement mal protégées au niveau des assurances professionnelles s'il arrive un accident ou un imprévu.

À une époque où les femmes se disent libérées, comment peuvent-elles tolérer que l'on mutile leur sexe en pratiquant une épisiotomie sans même leur demander leur consentement ? Respecter la naissance, c'est bien évidemment respecter le nouveau-né, mais c'est également respecter la femme. **Chaque maternité est une aventure unique. Faisons en sorte de ne pas gâcher la fête. Posons de bonnes bases, créons un ciment qui soudera la nouvelle triade papa-maman-bébé.**

Le baby clash

En Île-de-France, on estime que 45 % des couples se séparent durant les trois premières années d'un enfant. Ce guide, qui a pour but d'entretenir une certaine harmonie sexuelle, trouve également sa légitimité dans le renforcement des couples, afin qu'ils ne fassent pas tristement partie des statistiques. Certes, le plaisir sexuel n'est pas tout, il n'est pas l'unique garant de la solidité d'un couple. Mais force est de constater que la frustration ne fait qu'aggraver les tensions qui peuvent survenir en pleine période de « baby clash ». C'est la porte ouverte au classique scénario adultère-séparation.

Avant d'être des parents, nous avons été des amants. Faisons en sorte de le rester. Ne culpabilisons pas de nous vautrer dans ces plaisirs faussement égoïstes. Indirectement, nos enfants nous en remercieront. Des parents amoureux font des bébés heureux.

1. le premier trimestre

Le pressentiment

Vos règles ont du retard, vous vous sentez un peu plus fatiguée, votre sensibilité olfactive se développe et vous ne supportez plus les odeurs fortes, vous avez des pertes blanches non odorantes, mais plus abondantes que d'habitude. Vous en avez l'intuition : vous respirez et vivez pour deux ! Les jours passent et votre intuition semble se confirmer. Votre poitrine devient de plus en plus gonflée et sensible, vous ressentez une légère sensation de nausée. Il se passe quelque chose dans votre corps, quelque chose d'important, quelque chose qui va vous bouleverser à jamais. Vous en aurez confirmation en achetant un test de grossesse ou en faisant une prise de sang : vous attendez un bébé. Bébé surprise ou bébé attendu, peu importe. Si vous avez décidé de garder cet enfant, c'est que vous venez de faire le pari du don maternel et du bouleversement du déroulement de votre vie.

La crainte de la fausse couche

Il faut s'y préparer, 20 % des grossesses se terminent en fausse couche durant les trois premiers mois. Au-delà, ce pourcentage baisse considérablement. C'est la raison pour laquelle beaucoup de futures mamans ne décident d'annoncer la bonne nouvelle qu'une fois passé ce délai, afin de ne pas avoir à se justifier si la grossesse n'aboutissait pas. 20 %, c'est une chance sur cinq. Dites-vous qu'il vous reste quatre chances sur cinq de mener à bien ce nouveau projet.

Tant qu'il ne s'agit pas de fausses couches à répétition, n'envisagez pas ce projet avorté comme un échec, mais plutôt comme une chose positive. La nature étant souvent bien faite, notre corps préfère parfois éliminer lui-même le plus tôt possible les embryons qui présentent d'importantes malformations. Faites confiance à votre corps, il décidera de ce qui est le mieux pour vous et votre enfant à venir. Si en revanche vous êtes sujette aux fausses couches à répétition, il est bien évident que vous devez être prise en charge par votre gynécologue. Si vous ne trouvez pas d'explications physiologiques à ces fausses couches, peut-être cela signifie-t-il qu'inconsciemment vous ne vous sentez pas encore prête à être mère ?

Faire l'amour ne provoque pas de fausse couche

On ne le répètera jamais assez : l'activité sexuelle n'est en rien responsable des fausses couches. Si votre corps a décidé que vous deviez auto-avorter parce que l'embryon que vous portez est malformé ou pour tout autre raison, cela vous arrivera que vous fassiez l'amour ou non. Le plaisir sexuel sera votre allié ainsi que celui de votre bébé durant toute la grossesse.

Le bébé est une véritable éponge à émotions, qu'il soit encore in utero ou déjà sur la terre ferme. Il capte tout ce que vous ressentez et en est positivement ou négativement affecté. La grossesse est un moment de fragilité, de rêverie, d'instabilité émotionnelle. C'est la raison pour laquelle vous devez vous préserver et profiter de ces neuf mois pour « absorber » autant d'éléments positifs que possible. Ne culpabilisez pas du plaisir sexuel partagé avec le papa – ou seule –, car si c'est bon pour vous, c'est bon pour votre bébé.

Donnez-lui envie durant toute sa vie in utero de venir visiter le monde extérieur en lui faisant partager tous vos moments de bonheur et de bien-être. Aimez-vous, mangez, jouissez.

Les saignements

Ne vous inquiétez pas tout de suite si vous avez mal au ventre ou si vous perdez un peu de sang durant les premières semaines de grossesse. Cela n'est pas toujours annonciateur de fausse couche. Les saignements peuvent être le résultat de « règles anniversaire ». En effet, il se peut que votre corps n'ait pas encore réellement entériné le fait que vous soyez enceinte et continue à provoquer de fausses règles. C'est ainsi que certaines mamans ne se rendent compte qu'elles attendent un enfant que lors de leur deuxième mois de gestation.

Il se peut également que suite à un rapport sexuel, vous vous mettiez à perdre du sang rouge et frais. Lors de la grossesse, le col de l'utérus peut présenter une plus grande sensibilité et saigner ainsi plus facilement après un frottis ou un rapport sexuel. Il ne sert donc à rien de s'affoler tant que vous ne faites pas de réelle fausse couche. Le mieux est d'en parler avec votre obstétricien.

Les désagréments du premier trimestre

Il est fréquent que de petits maux physiques surviennent lors du premier trimestre : nausées, fatigue, irritabilité. Beaucoup de femmes affirment qu'il s'agit de la période la plus difficile de la grossesse. Car, contrairement à une maman enceinte de plus de six mois, personne ne voit que vous attendez un enfant. Vous ne bénéficierez pas des faveurs réservées aux femmes enceintes : on ne vous laissera pas la place dans le métro ni dans le bus, on ne vous laissera pas passer aux caisses prioritaires. Et il faut l'avouer, être coincée dans une file d'attente alors que l'on est à deux doigts de vomir sur son voisin est une situation abominable.
Ces petits tracas, synonymes d'un grand bouleversement physique, perturberont peut-être votre libido. Tentez de faire une fellation alors que vous êtes en pleine période de nausées et vous comprendrez à quoi je fais allusion. C'est la raison pour laquelle beaucoup de mamans préfèrent malheureusement faire l'impasse sur le plaisir sexuel durant les trois premiers mois.
Même si vous ne vous sentez pas capable de grandes performances, essayez de maintenir un contact érotique avec votre partenaire. Prenez des bains ensemble, massez-vous, partagez des moments de tendresse, racontez-vous mutuellement vos fantasmes.

Le blocage psychologique

Au-delà de la crainte injustifiée de la fausse couche, il se peut que vous soyez rebutée à l'idée d'avoir un rapport sexuel avec votre compagnon. Votre nouveau statut de mère en devenir, qu'il vous inquiète ou qu'il vous enchante, peut monopoliser toute votre attention autour de votre nombril. Le clivage de la maman et la putain s'installe progressivement dans votre esprit. Ce passage à l'état de mère vous fait progressivement oublier votre désir de femme. Faites en sorte de ne pas laisser s'installer une telle situation. **L'absence de sexualité n'a jamais rien apporté de bon au sein d'un couple.** Moins on fait l'amour, moins on en a envie. Si vous commencez à interrompre le contact sexuel avec le papa dès le premier trimestre, la difficulté ne fera que s'accroître durant la grossesse et après l'accouchement.

Les couples dont la libido augmente durant le premier trimestre

Il existe des chanceuses qui ne subissent pas les petits tracas du premier trimestre, et qui ne connaissent des nausées que ce qu'elles en lisent dans les magazines. Ces femmes-là peuvent se laisser pleinement aller à

l'euphorie de la bonne nouvelle de porter une vie en elles. Si cette annonce d'une future naissance est partagée avec joie avec le futur papa, il se peut que cela augmente le désir du couple. Il existe donc des couples heureux, défiant les vomissements et les craintes de fausse couche, qui font l'amour intensément durant les trois premiers mois.
Un autre élément positif à prendre en compte est qu'**une fois enceinte, il n'y a plus de précaution contraceptive à prendre** ! Plus besoin de pilule, de préservatif, ni de coït interrompu. Votre partenaire peut jouir allègrement à l'intérieur de vous sans que vous ayez à vous inquiéter de quoi que ce soit.

Les examens vaginaux intrusifs de la grossesse

Autant vous y préparer psychologiquement : **vous risquez de subir tout au long de votre grossesse une longue série d'examens intrusifs, parfois perturbants pour votre sexualité et votre équilibre psychologique**. D'un autre côté, sachant que nous avons été fécondée par voie vaginale et que nous avons 80 % de chances d'expulser notre bébé par cette même voie, il aurait été surprenant que l'on nous fasse subir des examens intrusifs par les oreilles. Cependant, nous sommes en droit d'affirmer que toute pénétration de notre intimité, même médicale, n'est pas anodine et que cela nous renvoie souvent, consciemment ou inconsciemment, à notre sexualité.

• L'échographie endovaginale

Il s'agit d'un grand progrès au niveau de la précision des données. Peut-être avez-vous déjà subi une échographie « classique », au cours de laquelle une sonde se déplace sur votre ventre préalablement enduit de gel conducteur des ondes. Dans le cadre d'une échographie endovaginale, la sonde pénètre à l'intérieur du vagin. Bien évidemment, sa forme et sa taille sont étudiées pour qu'elle puisse être introduite de manière indolore. En théorie. Du gel est systématiquement utilisé pour faciliter l'introduction. « Quel intérêt d'envoyer des ondes à l'intérieur du vagin et non plus à travers le ventre ? » vous demandez-vous. Cela est particulièrement utile lors de l'examen de datation (12 semaines environ), ou lors de n'importe quel examen où l'embryon est encore minuscule. Cette échographie permet par exemple de mesurer avec plus de précision la taille de la nuque (mesure préventive pour la détection de la trisomie 21).

Cependant, si cet examen a beaucoup d'avantages, il reste néanmoins vécu comme intrusif et perturbant pour certaines. D'une part, parce qu'aucune pénétration n'est anodine, d'autre part parce que la forme phallique de la sonde, ainsi que l'utilisation fréquente d'un préservatif placé dessus pour préserver son hygiène, renvoient inévitablement à une image sexuelle. Cette sonde est introduite au fond du vagin, tout contre le col, et bougée parfois avec force afin de mieux détecter l'embryon. Certaines femmes sauront se détendre et oublier l'aspect désagréable de l'examen, tout à la joie d'apercevoir pour la première fois le bébé bouger ses petits pieds sur l'écran. Mais parfois, certaines femmes souffrent sans oser se plaindre de ce qu'elles vivent quasiment comme un viol. Il s'agit souvent de femmes sujettes au vaginisme ou ayant subi des traumatismes sexuels par le passé. Il peut parfois se provoquer une contraction intense des muscles du vagin rendant impossible toute introduction de la sonde. Souvent, la personne pratiquant l'échographie risque de « forcer le passage », approfondissant encore plus le traumatisme vécu.

• Le toucher vaginal

« En France, les professionnels sont formés à une surveillance systématique du col de l'utérus durant la grossesse. Pourtant, la Haute Autorité en Santé (HAS) vient de préciser dans ses dernières recommandations pour les femmes enceintes qu'[en conclusion et en l'état actuel des connaissances] il n'y a pas d'argument pour la réalisation en routine du toucher vaginal chez une femme asymptomatique. »
Sophie Gamelin-Lavois, *Préparer son accouchement,* éditions Jouvence, 2006.

Autant vous n'aurez droit à l'échographie endovaginale que deux ou trois fois, autant vous risquez de subir des dizaines de touchers vaginaux entre le moment de l'annonce de votre grossesse et celui où vous aurez votre bébé dans les bras. C'est probablement la partie la moins agréable de vos neuf mois : toutes les sages-femmes et gynécologues de France vont venir vous trifouiller l'entrejambe. Du moins, c'est ce dont vous aurez l'impression. Entre les consultations mensuelles auprès de votre gynécologue, les consultations de vérification à l'hôpital lorsque vous avez un doute, les vérifications fréquentes lors du neuvième mois et, surtout, les touchers toutes les demi-heures lors de l'accouchement, votre vagin risque de supplier de ne plus laisser personne y introduire ses doigts. Tous les prétextes sont bons ! Mesurer la taille de l'utérus ; vérifier si le col est mou, court ou long, fermé ou ouvert ; observer la progression du travail et la vitesse de dilatation lors de l'accouchement...

Ces touchers peuvent être extrêmement mal vécus. D'une part parce qu'ils sont particulièrement désagréables, d'autre part parce qu'ils sont relativement fréquents et banalisés. Tellement banalisés que la personne qui introduit ses doigts à l'intérieur de votre corps oublie parfois qu'il existe un individu derrière ce vagin. Un simple orifice à palper, c'est souvent ce à quoi vous avez l'impression d'être réduite ; on fouille votre vagin comme si on cherchait des clés au fond d'un sac.

Encore une fois, ce sont les femmes ayant subi des traumatismes sexuels qui sont les plus directement affectées par ce type d'examen. Mais pas uniquement. La plupart des femmes se passeraient bien en fin de compte de touchers aussi répétés. Comme beaucoup d'examens obstétriques désagréables, chacune essaie de tolérer ce passage obligé en se disant que « c'est nécessaire pour le bébé ». Si vous sentez que cela peut avoir des répercussions sur votre intégrité corporelle et sexuelle, il vous est cependant possible de « négocier » avec l'équipe médicale de votre maternité afin de ne pas subir ces touchers à répétition. Dieu merci, il existe des sages-femmes formidables qui

écouteront votre gêne voire votre douleur et qui limiteront les touchers, en particulier lors de l'accouchement. Si vous avez vécu des violences sexuelles, n'hésitez pas à en parler avec votre obstétricien durant votre suivi de grossesse. Vous pouvez même rédiger, en accord avec lui, ce que l'on appelle un « plan de naissance », dans lequel vous mentionnerez le refus de la pratique du toucher vaginal. Cependant, si les sages-femmes accomplissent ce geste, ce n'est pas uniquement parce qu'elles ne savent pas quoi faire de leurs doigts à ce moment-là. C'est avant tout pour vérifier l'avancée du travail et savoir si vos contractions sont efficaces ou non. Il n'est probablement pas nécessaire d'y avoir recours toutes les trente minutes. Aussi, vous pouvez proposer un compromis en leur demandant de limiter le nombre de fois où vous serez examinée.
Si à la suite d'un toucher de routine, vous remarquez que vous saignez très légèrement alors que vous n'êtes pas à terme, ne vous inquiétez pas. Votre col étant plus sensible lors de la grossesse, il se peut que vous perdiez un peu de sang. Ces petits saignements ne doivent pas vous empêcher d'avoir des rapports sexuels si vous le souhaitez. Si ces saignements persistent ou que vous ressentez une douleur anormale, appelez la maternité. D'une manière générale, si vous avez un doute, téléphonez à l'équipe médicale qui vous suit.

Rester sexy durant la grossesse

LA LINGERIE

• Le soutien-gorge

Vous allez vous en rendre compte dès les premières semaines de grossesse, votre poitrine devient de plus en plus imposante et vous n'avez plus rien à envier aux actrices des films de Russ Meyer. Vous n'êtes pas au bout de vos peines – ou de vos réjouissances – car sa taille ne cessera d'augmenter durant ces neuf lunes, voire même elle battra tous les records si vous allaitez.
Je ne puis vous dire avec exactitude de combien de bonnets ni de centimètres votre gorge va se déployer. Nous sommes en effet inégales face à la nature. Cependant, voici quelques conseils afin de rester sexy : **vous n'êtes pas obligée d'acheter d'affreux soutiens-gorge de maternité durant votre grossesse**. Peut-être le serez-vous plus tard, après l'accouchement, si vous allaitez. Nous y reviendrons.
Choisissez néanmoins un soutien-gorge solide, aux bretelles assez larges pour soutenir votre lourde poitrine.

Peut-être le constatez-vous, votre poitrine de plus en plus sensible ne supporte plus aussi bien qu'auparavant certaines matières. Il se peut par exemple que la dentelle vous gratte. Dans ce cas, évitez les balconnets qui, d'une part ne soutiennent pas assez vos seins devenus pesants, et d'autre part les dévoilent tellement qu'ils les mettent en contact direct avec vos vêtements et provoquent ainsi des frottements. Une peau tendue de femme enceinte peut très facilement devenir le lieu de démangeaisons insupportables. Optez plutôt pour des matières telles que la microfibre ou le coton. Il en existe désormais de très jolis. Vous n'êtes plus forcée de vous rabattre sur ceux couleur chair ni sur les blancs, tristement banals.

Attendez-vous à devoir acheter de nouveaux soutiens-gorge tous les trimestres. Prenons un exemple : si vous faites du 90B habituellement, vous allez probablement devoir glisser progressivement vers un 90C voire 95C d'ici la fin de votre grossesse. Un petit conseil pour celles qui souhaitent acheter leurs soutiens-gorge d'allaitement à l'avance. Car il est bien évident que vos seins ne vont pas revenir à la normale dès votre sortie de maternité. Autant prévoir votre retour à la maison, car ce n'est pas avec votre nouveau-né dans les bras que vous allez pouvoir courir les magasins de lingerie. Pour évaluer à peu près la taille de votre poitrine nourricière, il faut, lorsque vous allez essayer votre lingerie, que vous puissiez glisser votre main dans le bonnet. Si vous ne pouvez pas glisser votre main, c'est que le soutien-gorge sera probablement trop petit. Si par exemple vous faites un 90D en fin de grossesse, il ne serait pas étonnant que vous passiez au 90E pour l'allaitement. Mais, encore une fois, chaque poitrine est variable.

Autant vous pouvez vous permettre de continuer à mettre de jolis soutiens-gorge brodés et colorés durant la grossesse, autant les choses risquent de se corser lors de l'allaitement. En effet, vous allez probablement opter pour les modèles les plus pratiques, à savoir ceux dont le bonnet se dégrafe. Préférez ceux en microfibre, plus faciles à laver, que ceux en coton qui risquent de mal supporter les nombreux passages en machine. En effet, prévoyez que vous risquez d'avoir beaucoup de fuites de lait, malgré les coquilles en silicone et les coussinets absorbants (peu glamours, j'en conviens).

• Les culottes

Encore une fois, vous n'êtes pas obligée de troquer vos strings à froufrou contre des énormes culottes de maternité qui remontent jusqu'au nombril. **Vous pouvez continuer à porter des tangas jusqu'au jour de l'accouchement.** Et si vous estimez que votre postérieur vous complexe car il a pris trop de volume depuis le début de votre grossesse, vous pouvez toujours vous rabattre sur un boxer ou sur une jolie culotte. Peu importe la matière, du moment qu'elle ne vous gratte pas. En effet, tout comme votre poitrine, le bas de votre ventre tendu peut vite vous démanger, en particulier lors du dernier trimestre.
Prévoyez de grossir un peu (si peu !) durant votre grossesse. Par conséquent, si vous faites un 38 habituellement, achetez-vous tout un lot de culottes taille 40 voire même plutôt 42. De toute manière, sans vouloir vous plomber le moral, vous risquez de continuer à faire du 42 pour encore quelques temps après votre sortie de la maternité. Votre investissement ne sera donc pas complètement inutile.

Vous pouvez continuer à porter certaines de vos culottes habituelles à une condition : qu'elles soient taille basse. D'une manière générale, **achetez toujours des modèles taille basse durant la grossesse**. Mieux vaut laisser en liberté l'intégralité de votre ventre plutôt que de le gainer dans une culotte dont l'élastique vous marquera la peau. Et, qu'on se le dise, une petite culotte restera toujours plus sexy qu'une grosse culotte.

LES VÊTEMENTS

Les marques de vêtements pour femmes enceintes ne manquent plus et proposent une diversité de choix de plus en plus large. Fini l'immense robe sac à patates, les futures mamans restent classes. Cependant, vous allez vite en souffrir : tout cela a un prix. Là où une jupe classique coûtera environ 30 euros, la même jupe cousue dans les mêmes matériaux, mais destinée aux femmes enceintes, coûtera 75 euros. Vous risquez probablement de crouler sous les dépenses diverses et variées relatives à la venue future de votre bébé, ce n'est pas pour investir toute votre cagnotte dans une garde robe que vous risquez de mettre à la cave après l'accouchement, en attendant l'éventuelle nouvelle grossesse de votre petite sœur ou de vous-même si vous décidez de remettre le couvert.

Mon conseil sera donc : **n'achetez dans les boutiques de grossesse que ce qui est totalement indispensable**. Par exemple, un jean de grossesse. Il est bien évident que si vous avez l'habitude de porter des jeans, vous serez très vite obligée de laisser tomber ceux dans lesquels vous aviez l'habitude de vous glisser. Rien ne vaut un bon vieux jean de grossesse, qui va avec tout, et dont la taille s'adapte à la proéminence progressive de votre ventre. Pour le reste (robes, chemises, débardeurs, etc), vous pourrez trouver tout le nécessaire dans les grandes chaînes de magasins classiques.

• **Les chemises**

Profitez-en, on trouve de plus en plus de chemises serrées sous la poitrine et larges au niveau du ventre. Par précaution, prenez une ou deux tailles au-dessus de ce que vous avez l'habitude de porter. Vous serez ravie de retrouver, même plusieurs mois après l'accouchement, ces chemises amples lors de vos dimanche de paresse chez vous.
Les tops : achetez-en toute une série dans une matière extensible. Si vous avez peur de les élargir en fin de grossesse, n'hésitez pas à les relever et à laisser votre ventre à l'air libre, si vous avez la chance d'accoucher en été.

• **Les pulls**

Peut-être accoucherez-vous en hiver ? Vous avez plusieurs solutions : sacrifier vos pulls et risquer de les déformer. Ou alors en acheter des longs, dans des matières extensibles. Choisissez deux tailles au-dessus de ce que vous achetez d'habitude. Au pire, ils vous serviront plus tard pour le sport, les nuits d'hiver, ou les promenades en forêt.

Quoi qu'il en soit, **choisissez toujours des vêtements qui mettent en valeur votre ventre**. Ne cherchez surtout pas à le camoufler. Si la saison le permet, vous pouvez également faire ressortir votre poitrine qui risque de ne plus jamais atteindre une telle opulence. Préférez le long au court, ce qui camouflera vos jambes peut-être atteintes de rétention en fin de grossesse. Et, par pitié, évitez le trop tentant recours au pantalon de jogging lors du dernier trimestre ! Je pense que vous voyez de quoi je parle, nous sommes toutes tentées lorsque nous traînons notre ventre énorme de tout abandonner pour ne plus nous traîner que dans des pantalons immensément amples et si confortables…

LE MAQUILLAGE, LES COSMÉTIQUES

Paraben, methylparaben… Peut-être en avez-vous entendu parler. Il existe toute une polémique autour de certains parfums et cosmétiques dont l'utilisation serait relativement dangereuse pour le fœtus. **Mieux vaut choisir des produits simples et naturels** plutôt que de tenter le diable. Par exemple, préférez vous masser le ventre avec des huiles végétales plutôt qu'avec des crèmes miracles antivergetures dont l'efficacité est, somme toute, relative.

Pour le maquillage, soulignez vos yeux avec du khôl traditionnel et vieux comme le monde. Pour les lèvres, un baume avec un peu de crayon devrait suffire. Si vous aimez être plus fortement maquillée, reportez-vous sur des gammes de produits naturels et non testés sur les animaux que l'on trouve dans certains magasins bio.

2. le second trimestre

L'état de grâce

« Certaines femmes sont capables d'immenses jouissances et d'orgasmes d'une "qualité cosmique" dans ce véritable état de grâce, tant leur ouverture est totale (et elles perdent cette capacité après : souvent ce n'est qu'enceintes qu'elles peuvent vraiment jouir). »
Catherine Bergeret-Amselek, *Le Mystère des mères,* éditions Desclée de Brouwer, 2005.

Les petits tracas du premier trimestre sont terminés. Vous ne vomissez plus, vous êtes moins fatiguée. Vous vous sentez revivre et pouvez vous laisser aller à la joie d'attendre un enfant. Votre ventre est discret et vous

arrivez encore à effectuer un certain nombre de positions sans vous rompre les reins. Votre poitrine est splendide, votre peau peu abîmée par les vergetures et la rétention d'eau qui surviendront probablement lors de la fin du troisième trimestre. Vous n'êtes pas encore rendue à l'état de baleine, et votre partenaire n'est pas effrayé par ce ventre qui abrite son enfant. Vous ne renvoyez pas tout à fait cette image intimidante de mère au ventre proéminent. Vos variations hormonales commencent à créer en vous un immense besoin de satisfaction sexuelle. **Plus que jamais, vous désirez faire l'amour avec le futur père de votre enfant.**
Parallèlement à cela, vous commencez à intégrer cette idée que vous portez la vie. Il vous aura peut-être fallu un trimestre entier avant de réellement comprendre cela, tant l'annonce de cette nouvelle est incroyable. Vous commencez à sentir les premiers mouvements de votre bébé et cela vous emplit de joie. Probablement avez-vous déjà fait connaissance avec lui en l'observant lors d'une échographie.

Faire l'amour avec une femme enceinte

LES INTERDITS DES SOCIÉTÉS TRADITIONNELLES

L'entrée dans le second trimestre signifie plus que jamais l'officialisation de votre grossesse. À l'issue de ces trois premiers mois, vous devenez, aux yeux de tous (et de la Sécurité sociale) une mère en devenir. Votre gynécologue vous a remis une déclaration de grossesse à envoyer à votre caisse d'assurance maladie, le risque de fausse couche a fortement diminué, vous avez annoncé la bonne nouvelle à votre patron, votre ventre commence à s'arrondir discrètement : ça y est, vous êtes officiellement une femme enceinte !

Et c'est peut-être maintenant que les choses vont se corser sexuellement parlant. Il y a des couples qui continuent à faire l'amour normalement durant tout le premier trimestre. Le bébé est grand comme une cacahuète et votre ventre demeure plat. Mais il se peut que voyant votre silhouette s'arrondir (et par conséquent votre bébé grandir) et qu'assistant à l'échographie des 12 semaines, vous preniez conscience, Monsieur comme Madame, que dans ce bidon il y a un enfant. Or c'est là que les ennuis peuvent commencer. Arrivent les premières angoisses : « Va-t-on déranger le bébé lors des rapports ? N'est-ce pas dangereux ? Jusqu'à quand va-t-on pouvoir faire l'amour ? », etc.

L'amour charnel et l'enfantement étant probablement les deux mamelles les plus universelles de l'humanité,

allons jeter un œil du côté des autres cultures et interrogeons-nous sur la place de la sexualité durant la grossesse.
Dans *Venir au Monde* (Petite Bibliothèque Payot, 2007), Lise Bartoli, psychologue clinicienne, a étudié les différentes manières dont on enfante à travers le monde. Globalement, la plupart des cultures préconisent une abstinence sexuelle durant la grossesse. Elle n'est pas nécessairement imposée durant l'intégralité des neuf mois, mais plutôt en général à partir du moment où le bébé commence à être de plus en plus imposant, c'est-à-dire à partir du second trimestre. Les craintes sont globalement les mêmes partout : peur que cela nuise au bébé, que cela le rende malade, que cela lui aplatisse le nez, etc.

Sans aller chercher au bout du monde les us et coutumes des sociétés traditionnelles, Lise Bartoli rapporte cette anecdote amusante :
« En France, traditionnellement, on pensait que la couche visqueuse qui recouvrait l'enfant était le sperme des derniers rapports. Afin d'éviter un tel spectacle aux matrones, les couples évitaient tout accouplement deux mois avant la date prévue de l'accouchement. »
Cependant, il existe des ethnies qui considèrent que le bébé a besoin de se nourrir du sperme de son père pour se développer. Le maintien des relations sexuelles peut être recommandé, jusqu'à un certain stade de la grossesse. Passé un certain délai, on considèrera parfois, comme c'est le cas des Yamis à Taïwan, qu'il est plus raisonnable de freiner les rapports, de peur que le bébé ne soit trop nourri par la semence paternelle et ne devienne trop gros.

« Les ethnies qui imaginent que le fœtus a besoin du liquide séminal pour se former vont accentuer les rapports conjugaux afin que l'enfant puisse recevoir suffisamment de ce "lait de croissance". C'est le cas au Zaïre, chez les Balubas, qui poursuivent l'acte jusqu'au jour de la délivrance. Sinon l'enfant viendrait incomplet. Il en est de même chez les Lobis, au Burkina Faso, en Côte d'Ivoire, ou encore au Ghana. Pour les indiens Txicaos du Brésil, cette aspersion séminale est même vitale, puisque sans relations sexuelles, le bébé ne peut plus vivre et il y a avortement. »

Les rêves érotiques

Vous vous en rendez progressivement compte, **vos hormones décuplent votre libido** depuis que vous êtes enceinte. Seulement, vos hormones ne travaillent pas que le jour, mais également la nuit ! C'est ce qui amène beaucoup de futures mamans à faire **des rêves érotiques, plus osés les uns que les autres**, et de se réveiller dans un incontrôlable état d'excitation. Non seulement la situation est propice d'un point de vue hormonal, mais également d'un point de vue inconscient. La grossesse est à envisager comme une sorte de « psychanalyse gratuite » au cours de laquelle votre inconscient va travailler à plein régime et faire remonter toutes sortes de choses à la surface, pour le meilleur et pour le pire. Or, quel est le terrain d'exploration favori des psychanalystes ? Le rêve, bien entendu.

Vous pouvez donc envisager vos rêves érotiques comme étant la rencontre de votre inconscient avec vos hormones. Ne cherchez pas à les interpréter à tout prix. S'ils sont particulièrement cochons voire dégradants, ne vous inquiétez pas. Les rêves ne sont pas la réalité. Parfois vous apparaîtrez dans vos rêves avec votre ventre rond, et parfois sans, comme si vous n'étiez pas enceinte. Peut-être votre mari sera-t-il présent ? Ou peut-être serez-vous dans les bras d'un inconnu ?

Si cela est agréable, profitez au maximum de cette période unique. Il est fort probable que vous ne fassiez plus d'aussi beaux rêves après l'accouchement. Une future maman m'avait raconté qu'elle s'était réveillée en train de jouir sans même avoir eu besoin de se toucher !

Le ventre « dur » après un rapport sexuel

Il est très fréquent qu'après un rapport sexuel vous ayez la sensation que votre ventre est dur et forme une boule. Il s'agit en fait de **votre utérus qui se contracte**, en particulier si vous avez eu un ou plusieurs orgasmes. Cela n'est absolument pas gênant. À vrai dire, il se contracte après les rapports même en dehors de la grossesse. D'habitude vous ne vous en rendez pas compte puisqu'il est de taille moindre.

Il est possible que vous ressentiez une douleur dans le bas du ventre. Tant que cela reste modéré, ne vous inquiétez pas. Cette douleur provient de la contraction du muscle. Si cette douleur augmente au fil des heures, ou que vous avez des contractions régulières, prenez contact avec la maternité et décrivez vos symptômes. Dans l'absolu, **un rapport sexuel ne peut pas être responsable d'une grande catastrophe au cours de votre grossesse**. À moins peut-être de subir une violence physique et psychologique intense (viol ? violences conjugales ?).

La sensibilité de la poitrine

C'est souvent un des premiers signes de grossesse : vous constatez que votre poitrine grossit et devient de plus en plus sensible. Durant les premières semaines, il se peut que vous trouviez ça douloureux. Mais par la suite, vous découvrirez là **une extraordinaire zone érogène**. Gonflés à bloc, vos seins sont magnifiques. Votre partenaire est probablement – quoique pas forcément – ravi par votre nouvelle taille de soutien-gorge. La peau complètement tendue, toute votre poitrine est sensibilisée. Faites-en un atout et profitez-en pour développer un véritable érotisme « mammaire ». Invitez le futur papa à vous mettre de l'huile ou de la crème tous les jours pour favoriser l'élasticité de la peau.

Laissez-le sucer et pincer vos tétons. Peut-être allez-vous expérimenter des sensations nouvelles, menant parfois à l'orgasme sans même avoir besoin d'aucune stimulation des parties génitales.

L'odorat de la femme enceinte

Dès les toutes premières semaines de grossesse, vous avez probablement pu constater que votre odorat était particulièrement développé. Lors du premier trimestre, cette sensibilité olfactive est souvent plus handicapante qu'autre chose : vous ne supportez plus aucune odeur forte. Les voyages en transports en commun, où les odeurs de chacun se mélangent, vous paraissent interminables. Parfois, le simple fumet d'un plat même délicieux peut suffire à vous faire vomir. Vos nausées ne vous laissent plus aucun répit. Certaines femmes enceintes sont obligées de se promener avec un mouchoir imbibé d'eau de toilette ou d'huiles essentielles afin de se protéger contre toute odeur nauséabonde.
Lors du second trimestre de grossesse, vos maux de cœur disparaissent progressivement. Votre odorat reste relativement sensible, mais cela ne vous dérange plus dans votre quotidien. Au contraire, vous allez vous rendre compte qu'il peut être un acteur non négligeable de votre épanouissement sexuel. Certaines femmes enceintes développent durant toute leur grossesse un

érotisme olfactif. Peut-être vous êtes-vous déjà surprise à ne plus supporter l'eau de toilette de votre partenaire et ne jurez plus que par son parfum naturel. Sa transpiration, l'odeur de sa peau, de son sexe, de ses cheveux, sont des éléments qui viennent attiser votre désir.
Qu'on l'admette ou non, la grossesse nous renvoie à un état d'animalité. Rien de plus naturel en ce cas que d'être attirée par les odeurs fortes de notre mâle géniteur à cette période.

La sodomie pendant la grossesse

Vous ne le saviez peut-être pas car les femmes en parlent peu entre elles, mais la grossesse est souvent un moment propice pour découvrir la sodomie. Ceci n'est pas sans explication.
La première est d'ordre physiologique. La nature étant bien faite, sous le coup des hormones le corps se prépare à l'accouchement et se détend. Les muscles deviennent élastiques en vue du futur passage du bébé, notamment ceux de la zone périnéale. Lors du neuvième mois de grossesse, on peut même avoir la sensation lorsqu'on fait sa toilette ou lors des rapports sexuels d'avoir un « sexe de guenon ». Les petites lèvres augmentent de volume et prennent un aspect boursouflé. **Toute la zone périnéale est détendue, y**

compris la zone anale, facilitant grandement en cela la pénétration. C'est ce qui va amener certaines femmes à apprécier la sodomie lors de la grossesse alors qu'elles ne l'affectionnent pas nécessairement en temps normal. Que le futur papa ne se réjouisse pas trop vite s'il ne jure que par cette pratique : après l'accouchement, tout revient à la normale, tant du côté des hormones que de l'élasticité de la zone génitale. Il est fréquent que celles qui appréciaient la pénétration anale durant leur grossesse ne veuillent plus en entendre parler après l'accouchement. D'autres y auront découvert une nouvelle source de plaisirs et continueront à la pratiquer.

Une autre raison est que, toujours sous l'effet des hormones, **la libido de la future mère est exacerbée**, en particulier lors du second trimestre. Certaines vont se surprendre à avoir des fantasmes de situations perverses auxquelles elles n'auraient jamais pensé avant d'être enceintes. Peut-être vont-elles se révéler sous un jour beaucoup plus osé qu'à l'accoutumée, avoir plus d'assurance, moins de tabous, et, pourquoi pas, franchir la transgression des pratiques anales.

Il peut y avoir une prescription médicale non avouée en faveur de la sodomie. En effet, il est souvent interdit à de nombreuses femmes d'avoir des rapports sexuels « classiques », et ce pour de multiples raisons : menace d'accouchement prématuré, col mou, raccourci, ou ouvert, etc. Les médecins ne vont bien évidemment pas suggérer de rapports sexuels de substitution. Ils vont simplement interdire le coït vaginal. Libre aux couples d'interpréter ces recommandations et d'imaginer ce qu'ils ont par conséquent le droit de faire. Dans un premier temps, ils vont probablement opter

pour des pratiques ne nécessitant aucune pénétration (fellation, cunnilingus, masturbation). Mais parfois, le besoin d'être pénétrée ou de pénétrer frustrant le couple, il se peut que la pratique de la sodomie arrive pour certains à la rescousse. Comme toute pratique librement consentie, si chacun y trouve son plaisir, il n'y a aucune contre-indication à cela. Tant que le couple ne le fait pas par dépit et qu'aucune douleur n'est ressentie, rien ne lui interdit de prendre du plaisir, de n'importe quelle manière que ce soit.
Là où cela peut devenir problématique, c'est lorsque le futur père refuse catégoriquement de pénétrer sa femme par voie vaginale durant toute la grossesse et n'accepte plus que la sodomie. En effet, certains hommes sont terrifiés à l'idée d'une promiscuité entre leur sexe et l'utérus où réside leur enfant. Soit ils ne veulent pas « souiller » cette voie devenue sacrée, soit ils ont peur d'être espionnés et de déranger leur bébé ! Inconsciemment, la voie vaginale est celle de la mère, et la voie anale celle de la pute. Ne souhaitant pas avilir la sacro-sainte figure de la maternité (ce qui porterait atteinte à l'image de leur propre mère), ils ne peuvent avoir de sexualité que par l'orifice qui désacralise leur femme.
Dans tous les cas, que ce soit pendant la grossesse ou après, **ne passez jamais d'une pénétration anale à une pénétration vaginale au cours du même rapport**. En effet, les germes présents dans les intestins peuvent provoquer diverses infections et inflammations qui ne sont jamais agréables.

Libertinage et grossesse : gare aux M.S.T !

En théorie, rien ne contre-indique la pratique du libertinage pendant la grossesse. Encore une fois : si cela est bon pour vous, c'est bon pour votre enfant. Cependant, j'émettrai deux bémols :

Dans le cadre de l'échangisme, lorsque vous faites l'amour avec d'autres hommes que le futur papa, il se peut qu'ils ne soient pas assez attentionnés ou informés sur la manière de s'occuper d'une femme enceinte. Si votre état n'est pas encore flagrant, **prévenez tout homme qui doit vous pénétrer du fait que vous êtes enceinte.** Expliquez-lui qu'il doit s'y prendre avec douceur, ne pas exercer de pression sur votre ventre, etc.

Soyez plus que jamais vigilante aux maladies sexuellement transmissibles. Bien évidemment, vous devez utiliser des préservatifs. Mais cela ne suffit pas, car les préservatifs ne protègent pas assez contre les M.S.T. bénignes (papilloma virus responsable du cancer de l'utérus, chlamydiae responsables de problèmes de stérilité, herpès, etc). Certaines de ces maladies peuvent être dramatiques si elles sont contractées au cours de la grossesse. Je pense entre autres à l'herpès génital. En général, on ne peut pas accoucher par voie basse si l'on est en pleine crise d'herpès génital. Les risques pour le bébé sont tels que l'on préfère envoyer tout de suite en césarienne la future mère. Une césarienne n'est jamais facile à vivre psychologiquement et physiquement. Autant mettre toutes les chances de son côté pour accoucher par voie basse.

Les sextoys

Une mère m'a affirmé que, selon elle, *« le vibro, c'est comme la moto : c'est déconseillé durant la grossesse »*. Rien ne vous empêche de vous masturber durant toute la durée de votre grossesse. Votre désir insatiable, que le futur papa ne pourra pas toujours honorer, pourra être parfois apaisé par l'utilisation de sextoys. Sophie, jeune mère de deux fillettes de quatre et sept ans, m'a expliqué qu'elle a utilisé des godemichés (non vibrant) durant les trois derniers mois de sa grossesse :

« Je ne sais pas pourquoi, mais j'avais des envies de gode. Vers la fin de mes deux grossesses, j'avais chaque fois l'impression que les parois de mon vagin avaient changé de texture. Elles devenaient plus souples, plus malléables, un peu comme s'il s'agissait de pâte à modeler. Je suis certaine que cela avait assouplit l'entrée de mon sexe et que c'est grâce à cela que j'ai pu expulser mes bébés sans difficultés ni déchirure. »

Il n'existe aucune contre-indication à l'utilisation des sextoys, sauf en cas de menace d'accouchement prématuré. Si votre col est raccourci ou ouvert alors que vous êtes encore loin du terme, évitez les sextoys phalliques à usage vaginal, et préférez plutôt les vibromasseurs à usage clitoridien (ou anal, pourquoi pas). Ne vous inquiétez pas pour votre bébé si vous craignez qu'il ne soit dérangé par un bruit de moteur : il est bien protégé dans sa bulle. Chacun de vos orgasmes contractera l'utérus et massera ainsi doucement le corps de votre progéniture.

3. le dernier trimestre

Jusqu'à quand faire l'amour ?

Voilà une question que se posent énormément de parents : jusqu'à quand vont-ils pouvoir continuer à avoir des rapports sexuels ? **Tant qu'il n'y a pas de contre-indications claires du médecin (risque d'accouchement prématuré), vous pouvez continuer à faire l'amour jusqu'au jour de l'accouchement.** La seule restriction réelle est si la poche des eaux est fissurée, ce qui entraîne des risques d'infection.

Comment faire l'amour ?

Il est bien évident que l'on ne fait pas l'amour de la même manière avec une femme presque rendue à terme et une autre. D'une part, parce que l**e gros ventre ne permet plus d'enchaîner toutes les positions du Kama Sutra.** D'autre part, parce que dans sa fragilité **la future mère inspire plus la douceur et le respect que de violentes chevauchées.** De plus, durant le dernier trimestre, les futurs parents se familiarisent avec des termes inconnus jusqu'alors : col long, col court, col mou, col fermé, col ouvert à un doigt, etc. Face par exemple à une femme enceinte de sept mois dont le col est court et mou, vous allez devoir y aller très doucement afin de ne pas risquer de déclencher un accouchement prématuré.

Lors du dernier trimestre, les visites se rapprochent en attendant le grand jour. Durant la plupart de ces visites, la sage-femme procède à un toucher vaginal afin de vérifier l'état du col. C'est le constat qu'elle va faire qui vous permettra d'envisager vos rapports sexuels. Tant que le col ne bouge pas, reste long et fermé, vous pouvez continuer à faire l'amour normalement. Si le risque de prématurité (37 semaines) n'est pas encore passé et que votre col est court, il va falloir adoucir voire proscrire le coït.

Certains hommes ont la sensation de « faire l'amour comme des femmes » depuis que leur partenaire est enceinte. Il faut entendre par là que leur sexualité devient plus cérébrale et plus externe, moins basée sur le coït. La grossesse devient un temps de caresses, de cunnilingus, de fellation, de masturbation. C'est ce que certains qualifient de « sexualité de préliminaires ».

Les positions

Il va de soi que les positions à favoriser sont d'une part les moins fatigantes pour la future maman, d'autre part, celles qui compriment le moins possible le ventre. Dans l'idéal, afin de songer en permanence à l'oxygénation du bébé (et la vôtre), mieux vaut éviter les positions allongées sur le dos qui comprimeraient la veine cave.

• **Les petites cuillères** (allongée sur le côté gauche, afin de ne pas comprimer la veine cave) :

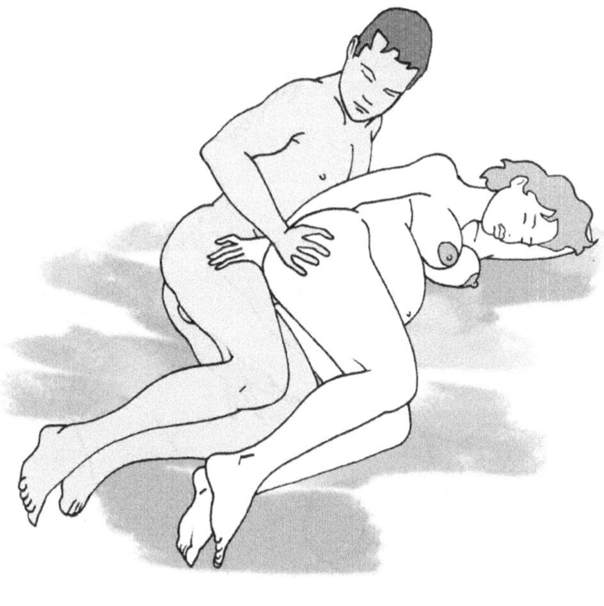

Cette position est **LA position du dernier trimestre**. Elle ne demande que très peu d'énergie et de souffle, ce qui est idéal lorsque bébé prend de plus en plus de place et en laisse de moins en moins à vos poumons. Elle permet de bien gérer la profondeur de la pénétration, en particulier si votre col devient de plus en plus sensible. Essayez de vous allonger du côté gauche, plutôt que du côté droit, toujours dans le souci de ne pas comprimer la veine cave.

• La levrette

La levrette a pour avantage de ne pas être très fatigante

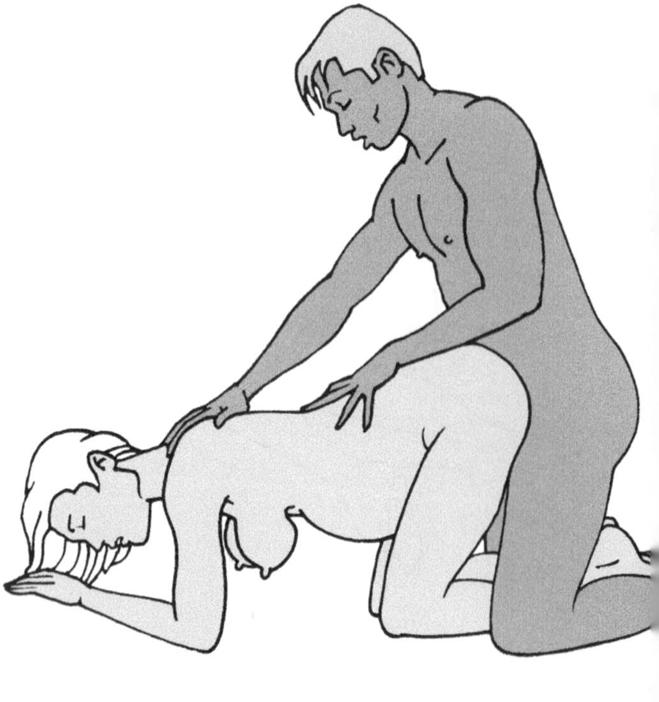

et de libérer le ventre. Cependant un bémol : faites attention à ne pas y aller trop fort. En effet cette position permet une pénétration particulièrement profonde, ce qui peut être gênant si votre col est prématurément court ou mou.

• Au-dessus

Votre ventre n'est pas comprimé, et vous restez maîtresse de la vitesse du coït. Cette position, **idéale lors des deux premiers trimestres**, est parfois fatigante en fin de grossesse.

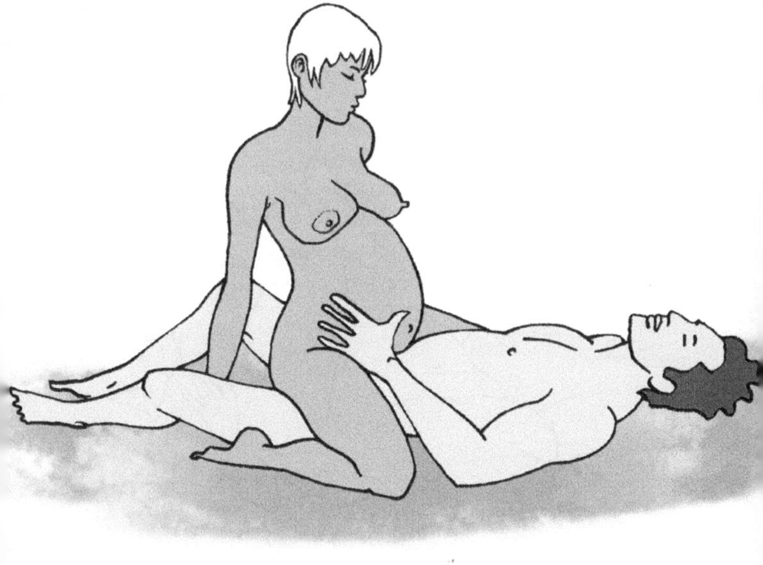

• Face à face

Cette position peut être réalisée jusqu'à la fin de la grossesse. Toutefois un bémol : lors du troisième trimestre, le bébé, pesant de plus en plus lourd, peut comprimer la veine cave si l'on reste trop longtemps sur le dos. Cela entraîne une mauvaise oxygénation et peut provoquer des étourdissements. Si vous sentez que votre tête commence à tourner ou que vous respirez de moins en moins bien, allongez-vous sur le côté..

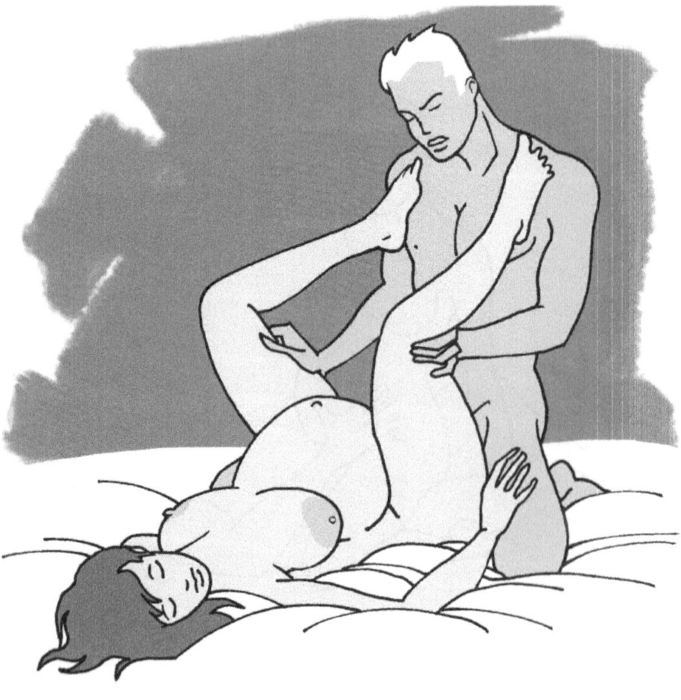

• La cavalière inversée

Cette position a les mêmes avantages que la cavalière classique : le ventre n'est pas comprimé et vous pouvez gérer la vitesse du coït. Cependant, plus encore que la cavalière classique, la cavalière inversée peut devenir rapidement épuisante en fin de grossesse. Cela dépend de vous et de votre forme physique.

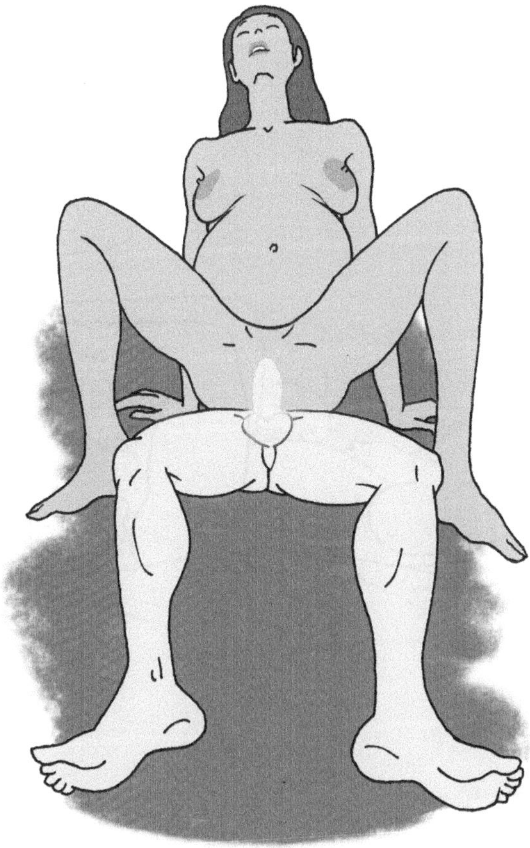

• **L'équerre**

Il s'agit d'une variante de la position face à face. Au lieu d'être redressé face à vous, votre partenaire vous pénètre allongé sur le côté. Cette pénétration de travers permet d'explorer des angles que vous n'avez pas nécessairement l'habitude de stimuler. Si la position sur le dos vous comprime, vous pouvez aisément basculer sur le côté sans que votre partenaire ne se retire.

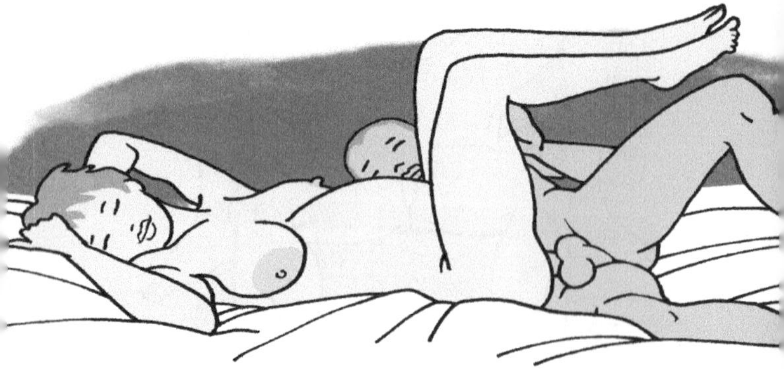

• La chaise

Comme la plupart des positions où votre partenaire se trouve derrière vous, votre ventre n'est pas comprimé. Certaines trouveront cette position fatigante. Cela dépend en réalité de la vitesse à la laquelle vous la pratiquez. Si vous avez besoin de prendre votre souffle, vous pouvez facilement vous reposer sur votre partenaire en vous asseyant sur ses cuisses.

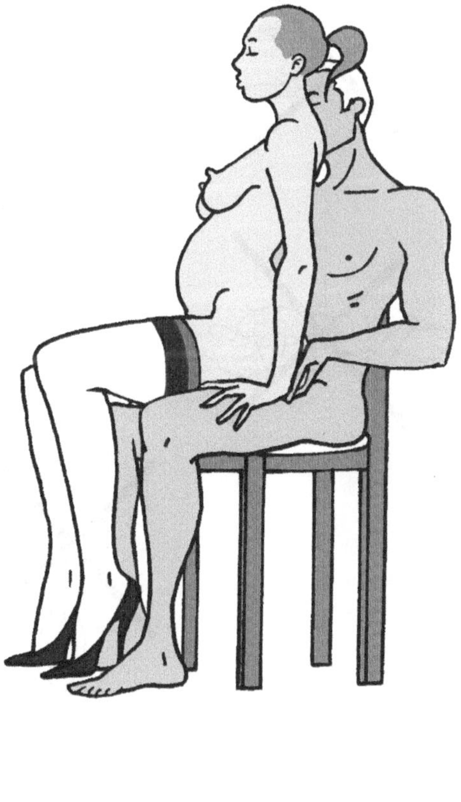

LES POSITIONS À PROSCRIRE

- Sur le ventre
- Sur le dos
- Contre une table

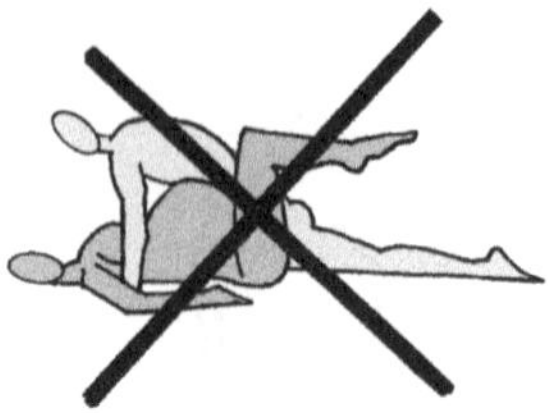

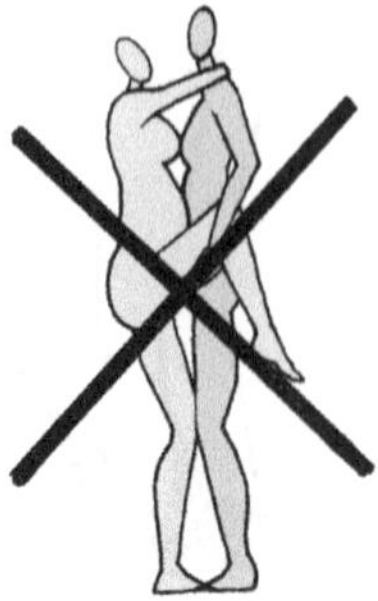

Les pertes blanches

Les pertes blanches sont généralement plus abondantes lors de la grossesse et en particulier lors du neuvième mois. Elles peuvent être abondantes au point d'avoir parfois la sensation que la poche des eaux s'est fissurée. Si ces pertes ne sont pas odorantes ni colorées, c'est qu'elles sont normales. **Elles ne doivent pas perturber votre vie sexuelle.**
Si ces pertes deviennent glaireuses et légèrement marron, c'est que vous avez peut-être perdu le bouchon muqueux. Ne vous affolez pas si vous le perdez, cela n'annonce pas nécessairement un accouchement imminent. Vous avez largement le temps de vaquer à vos occupations en attendant d'avoir des contractions régulières ou de perdre les eaux, ce qui nécessiterait une surveillance médicale.

Faire l'amour déclenche-t-il l'accouchement ?

Oui, mais uniquement si vous êtes à terme. **Trois facteurs favorisent le déclenchement de l'accouchement :**

• Le sperme contient de la prostaglandine qui aide à la maturation du col de l'utérus. C'est cette prostaglandine que l'on retrouve dans le gel que l'on applique lors des déclenchements provoqués à la maternité. Si vous êtes pressée d'accoucher et que vous êtes à terme, demandez à votre cher et tendre de jouir en vous.

• Vous sécrétez lors de l'orgasme la même hormone que celle que vous produisez lorsque vous accouchez et lorsque vous allaitez. L'ocytocine est l'hormone de l'amour. C'est elle qui va faire progresser le travail lors de l'accouchement. Très souvent, à la maternité, la sage-femme vous installe une perfusion d'ocytocine de synthèse pour accélérer les contractions. Sachez que vous pouvez chez vous favoriser la sécrétion de cette hormone en usant et abusant des câlins avec votre partenaire. D'abord en lui proposant de jouer avec vos tétons, voire même de les aspirer avec sa bouche. Si vous ne disposez pas d'homme sous la main, vous pouvez toujours les tripoter vous-même avec vos doigts ou, mieux, avec un tire-lait.

Jouissez ! C'est le meilleur moyen de sécréter de l'ocytocine. Vous sentirez probablement suite à un orgasme votre utérus se contracter. Vous pouvez même continuer à vous prendre dans les bras l'un de l'autre et vous embrasser sur la table de travail : l'amour participe au bon déroulement de l'accouchement.

Jouir en accouchant : légende ou réalité ?

Il existe des femmes qui vivent un incroyable orgasme lors de l'accouchement. J'en ai rencontré quelques-unes, et je les envie terriblement. J'ai moi-même pu expérimenter **une forme de plaisir d'ordre sexuel lors de la phase de travail**. Je n'ai cependant plus rien ressenti de tel à partir de 8 cm de dilatation du col, lors de la dernière phase de travail, où, je l'admets, la douleur a repris le dessus. Probablement que la peur à l'approche de la phase d'expulsion y a été pour beaucoup (peur de se déchirer, peur de mourir...).
Comment expliquer qu'un tel orgasme puisse survenir au moment censé être le plus incroyablement douloureux de notre vie ? L'explication hormonale en est peut-être responsable en partie. En effet, nous accouchons sous l'effet de l'ocytocine, que nous sécrétons également au moment de l'allaitement et de l'orgasme. **Peut-être y a-t-il au moment de l'expulsion une important sécrétion d'ocytocine qui nous ferait jouir ?**
Je ne suis pas en mesure d'apporter de réelle explication scientifique à cela. Cependant, j'ai pu constater qu'en ce qui concerne les femmes qui m'ont rapporté cette expérience, toutes avaient pour point commun d'avoir eu des accouchements dits « non médicalisés » (sans péridurale, ni ocytocine de synthèse). Une bonne disposition psychologique y est probablement également pour beaucoup. Lorsque nous accouchons, tout

comme lorsque nous jouissons, nous devons être suffisamment confiantes pour accepter de totalement lâcher prise. Il est bien évident qu'une femme ayant par exemple subi des traumatismes sexuels dans son enfance pourra difficilement faire partie de ces femmes qui acceptent avec joie de sentir leur sexe violenté par le passage de leur bébé.

Dans tous les cas, **un accouchement nécessite beaucoup de détente et de confiance en soi**. Tout ce qui pourra favoriser le bien-être lors de la phase de travail (bain chaud, massage, musique, etc.) sera le bienvenu. Certains médecins hurleront peut-être s'ils lisent ce que je m'apprête à écrire car cela ne correspond pas vraiment au protocole hospitalier, mais je pense sincèrement que boire un petit verre de champagne avant d'aller à la maternité aide les contractions à faire leur boulot. Ce conseil m'a été donné par un obstétricien à la retraite.

Préparer son périnée à l'accouchement

La dernière phase de l'accouchement, c'est-à-dire l'expulsion, risque d'endommager votre périnée. Il vous est possible de le préparer en le massant quotidiennement durant les six dernières semaines qui précèdent la date présumée d'accouchement.

Il existe plusieurs techniques de massage :

Au feeling

Avec des mains très propres enduites d'huile végétale (huile de germe de blé, par exemple), vous pouvez longer de vos doigts les petites lèvres, le pourtour de la vulve et de l'anus, la partie interne des grandes lèvres. N'hésitez pas à enduire d'huile les mains de votre partenaire et de le faire participer à ce massage. Invitez-le en fonction de vos fantasmes à introduire ses doigts et à jouer avec.

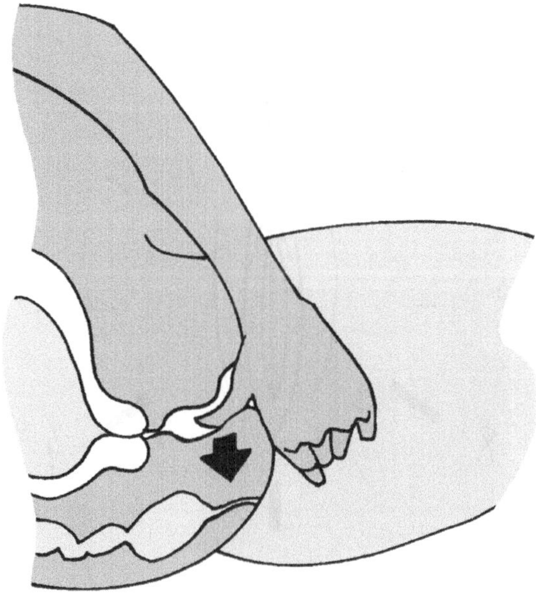

La technique de la montre

Allongez-vous, légèrement relevée contre des oreillers, les jambes bien écartées. N'hésitez pas à placer un miroir entre vos jambes afin de bien regarder ce que vous êtes en train de faire. Enduisez vos doigts d'huile végétale et introduisez votre pouce à l'intérieur de votre vagin. Imaginez l'entrée de votre vagin comme le cadran d'une montre afin de repérer les points où vous allez devoir appuyer. Si on imagine que le 12 du cadran correspond à votre clitoris, appuyez fermement durant

trente secondes environ sur 6 h, puis sur 4 h, et enfin sur 8 h. Respirez bien durant chaque pression. Votre baromètre pour évaluer la force de la pression est la douleur que vous ressentez. Étirez votre vagin jusqu'à ressentir des picotements, mais pas au-delà.

Lors des rapports sexuels

N'hésitez pas à réclamer des caresses à votre partenaire. La meilleure technique de préparation du périnée est de laisser le futur papa vous pénétrer avec ses doigts, après s'être soigneusement lavé et enduit les mains d'huile végétale. Il pourra introduire progressivement un, deux, trois, puis quatre doigts, et pourquoi pas la main entière, uniquement si cela n'est pas douloureux pour vous et ne vous provoque pas de sensation d'irritation. Rien ne sert de dépasser ses limites. Arriver sur la table d'accouchement avec des parois

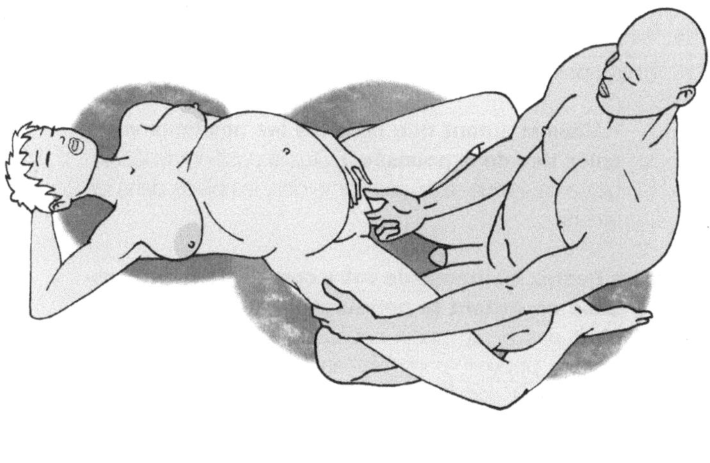

vaginales irritées ou boursouflées ne facilitera pas la phase d'expulsion, bien au contraire.

D'une manière générale, si vous souhaitez préserver votre périnée lors de l'accouchement :

• **Pratiquez régulièrement et durant toute votre vie les exercices de musculation vaginale**, même avant d'avoir votre premier enfant. Faites dans la journée des petites séries de cinquante contractions ou, mieux, portez des boules de geisha. En apprenant à maîtriser vos muscles périnéaux, vous saurez comment les relâcher complètement lors de la poussée. Et surtout, vous retrouverez un tonus vaginal beaucoup plus rapidement après l'accouchement.

• **Trouvez une maternité qui ne pratique pas systématiquement l'épisiotomie de routine**. Certaines sages-femmes utilisent d'autres techniques de protection du périnée (compresses d'eau chaude, étirement du passage vaginal avec de l'huile d'amande douce).

• **Utilisez autant que possible les positions verticales lors de la poussée**. Évitez la position gynécologique classique, allongée sur le dos, les pieds dans les étriers.

• **Restez maîtresse de votre corps autant que possible en évitant la péridurale**. Refuser la péridurale n'est pas qu'un choix passéiste et masochiste. Cela sert à pouvoir contrôler autant que possible ses muscles et son bassin lors de la poussée et d'éviter ainsi d'avoir recours aux spatules et aux forceps (ce qui nécessite en général une importante épisiotomie). Vous pouvez également avoir toute l'utilité de vos jambes pour opter pour des positions de poussée plus naturelles (accroupie par exemple, assise, ou à quatre pattes). Pour vous convaincre que la position gynécologique n'est pas la plus adaptée, essayez de pousser comme si vous alliez à la selle en restant allongée : vous verrez que vous n'y arriverez pas.

La péridurale

La péridurale est une technique d'anesthésie qui consiste à injecter dans un espace entourant la moelle épinière un anesthésique local associé ou non à un dérivé morphinique. On vous demande de vous asseoir et de faire le dos rond afin de bien distinguer vos vertèbres. Un cathéter est mis en place entre deux vertèbres et on vous retire l'aiguille. La pose n'est pas douloureuse. Elle vous est proposée (voire imposée) lorsque votre col est dilaté entre 3 et 6 centimètres.
La question n'est pas de rentrer dans un débat « pour ou contre la péridurale ». La péridurale est une avancée incontestable dans l'histoire de la médecine. Elle intervient dans le cadre d'accouchements difficiles. Il y a également des femmes, pour des raisons qui leur sont propres, qui ne supportent pas la douleur de l'enfantement ou qui en ont tellement peur qu'elles ne peuvent concevoir d'accoucher sans ce petit « coup de pouce ».

Cependant, lorsqu'on voit les taux élevés de recours à la péridurale (parfois plus de 90 % !), on peut être en droit de contester sa systématisation. Car **tout cela n'est pas sans effet néfaste**. D'ailleurs, tout comme pour l'épisiotomie, l'OMS classe le recours à l'analgésique péridural dans la catégorie des pratiques fréquemment utilisées à tort. Certains pays occidentaux ne l'utilisent qu'avec parcimonie (15 % des accouchements aux Pays-Bas).

• La péridurale augmente le taux de recours à l'épisiotomie, à l'injection d'ocytocine de synthèse, et à la délivrance par forceps ;

• Le temps de travail se rallonge, ce qui justifie le recours à des actes visant à l'accélérer artificiellement (ocytocine de synthèse, poche des eaux percée manuellement) ;

• La motricité est limitée. La mère, en restant allongée sur le dos ou semi-assise, empêche le bébé de s'engager correctement. Elle ne peut pas accoucher dans une position favorisant l'expulsion (accroupie, à quatre pattes…). Le réflexe de poussée est diminué. Beaucoup de mamans ne se seraient pas retrouvées en césarienne si elles n'avaient pas eu recours à la péridurale et si elles avaient pu accoucher en suivant les besoins de leur corps ;

• Certaines mères vivent mal le fait de ne pas avoir pu accoucher sans analgésiques. Elles ont la sensation qu'elles n'ont pas pu accompagner leur bébé et qu'on leur a « volé » leur accouchement. D'autres, au contraire, vont éprouver un sentiment de fierté d'avoir été capable de mettre au monde leur enfant seule. C'est cette fierté qui va parfois les aider à surmonter leur baby blues.

Pourquoi parler de péridurale dans ce livre ? Parce que votre sexualité post-partum dépendra en grande partie de votre intégrité génitale. Or, force est de constater que la péridurale joue un rôle important dans le recours à l'épisiotomie et aux forceps. Et également parce que la fierté et la puissance que l'on ressent après avoir été en capacité d'expulser seule son enfant peut sublimer la perception que l'on a de son propre corps. La maternité nous tend une gigantesque perche dans l'évolution de notre vie de femme. C'est l'occasion inouïe de se réconcilier avec son corps et de prendre conscience de tout son pouvoir. C'est souvent cette assurance qui nous permettra de plus facilement accepter voire imposer nos désirs dans le cadre de notre vie intime.

Vivre sereinement sa grossesse et son accouchement lorsqu'on a subi des violences sexuelles

« Tout semble parfois se passer comme si le corps de la femme, sollicité par la grossesse (et par conséquent par l'intrusion de l'enfant dans ses entrailles), était susceptible de se réveiller tout à coup et révélait très violemment et brutalement les traces mnésiques d'évènements traumatiques qui étaient jusque-là enfouis. Le psychisme "s'emballe", indissociable du corps, plongeant la femme dans les noirceurs du traumatisme passé, au moment même de l'accouchement, à l'occasion d'un examen de routine, comme un toucher pelvien ou un examen obstétricale, ou encore lors d'une tétée. Certaines peurs, présentes dès la grossesse, semblent pouvoir présager aussi du style relationnel futur qu'aura la femme devenant mère avec son enfant. »
Benoît Bayle, *Maternité et traumatismes sexuels de l'enfance*, éditions L'Harmattan, 2006.

Le sujet peut vous paraître sordide, mais il me semble cependant impératif de l'aborder. **On estime à 50 000 le nombre de viols commis chaque année en France. Environ une femme sur quatre subirait au moins une fois dans sa vie des violences sexuelles.** Cela n'est pas sans conséquence sur nos

capacités à vivre sereinement notre accouchement, acte sexuel par excellence.
Catherine Bergeret-Amselek parle de l'accouchement comme d'une « effraction sexuelle » : *« Pour laisser naître notre bébé, il va falloir accepter de se laisser effracter [...] dans le réel, au lieu même de notre sexe, écarté, écartelé, déchiré parfois, au lieu même où lors d'une autre scène un sexe d'homme faisait effraction dans l'autre sens, faisant de nous une femme. »*

Lors de l'accouchement, le moment de l'expulsion est un évènement traumatique, qu'on le veuille ou non. Ce moment où nous donnons naissance est également celui où nous donnons la mort à la « fille » que nous étions. Nous nous apprêtons à naître en tant que mère. Dans le cadre d'un accouchement classique (par voie basse, sans péridurale), les individus humains doués de raison que nous sommes deviennent des animaux, des mammifères en train de mettre bas. Notre corps n'est plus que mélange de douleur et de plaisir. Nous entrons dans une sorte d'état extatique, une phase au-delà du langage, où les mots n'ont plus de signification. Nous sommes dans la perception pure de la totalité des sensations de la délivrance. Pour autoriser notre corps à faire sortir un si gros bébé par un si petit orifice, nous allons devoir accepter de lâcher prise. Mais cela est effrayant. Et il est normal d'avoir un instant de doute, quelques secondes de peur. Car lâcher prise, c'est en quelque sorte accepter de voir la mort en face. Il s'agit du même lâcher prise nécessaire à l'orgasme. Nous avons l'impression que notre crâne et notre ventre vont exploser, que nos cris vont briser les vitres, que les murs vont s'effondrer. C'est une explosion atomique qui est en train de se produire dans cette salle d'accouchement. Nous mourrons, notre enfant naît, nous ne savons plus si nous souffrons ou nous jouissons. Cet état de transe que l'on pourrait qualifier de mystique, cette animalité, cette perception de la chose en soi, rares sont les occasions d'expérimenter cela dans notre vie (sous drogues hallucinogènes ? par la méditation ?).

Lors de cet état de perte de contrôle, il se peut que nous revivions tout un tas d'évènements, parfois enfouis dans notre mémoire. Il est de coutume de dire que l'on voit sa vie défiler devant ses yeux lorsque nous mourrons. Je pense que l'accouchement est également un moment propice pour revivre certains moments clés douloureux : notre propre naissance par exemple, ou, pourquoi pas, un traumatisme sexuel.
Accoucher est un acte sexuel. Notre vagin est le lieu de passage, d'accueil, d'un corps qui va nous féconder, et par lequel nous allons expulser le fruit de cette fécondation. Expulser son bébé, c'est finalement être « effractée » dans le sens inverse d'une étreinte amoureuse. Il va de soi que les femmes qui se sentent suffisamment ouvertes pour accueillir avec joie dans leur ventre le sexe de leur partenaire parviendront plus facilement à se détendre pour expulser leur bébé et l'accueillir sur leur sein.

D'une manière générale, si vous avez vécu une expérience sexuelle traumatisante, **veillez à être suivie par une équipe soignante suffisamment compétente pour savoir comment agir en conséquence.** Prenez contact avec des psychothérapeutes spécialisés dans le domaine de la périnatalité ou de la maternologie[1]. Vous pouvez également vous renseigner auprès de praticiennes en hypnonatal[2].

À l'aise dans sa sexualité, à l'aise sur la table d'accouchement

Pour exactement les mêmes raisons qu'une femme ayant vécu un traumatisme sexuel pourra éprouver des difficultés à accoucher, **à l'inverse une femme parfaitement à l'aise dans sa sexualité sera souvent capable d'enfanter dans la joie voire l'extase.**
Pour accoucher facilement, il faut avoir accepté ce corps féminin et en être fière. Il faut être heureuse de voir ce ventre saigner abondamment tous les mois, de

1. Issue du champ de la pédopsychiatrie, la maternologie correspond au domaine psychologique inhérent à l'obstétrique. La maternologie s'adresse à la souffrance et aux difficultés maternelles pré ou postnatales présentes chez 10 % des accouchées.
Mise au point dans un centre hospitalier unique en son genre (à Saint-Cyr-l'École, dans les Yvelines), vous pouvez vous informer en consultant le site www.materno-club.fr.
2. Méthode de préparation psychique à l'accouchement basée sur l'hypnose éricksonienne. Technique qui permet de puiser en soi toutes les ressources indispensables pour vivre pleinement grossesse et accouchement tout en restant toujours connectée à son enfant.

voir ces formes s'épanouir sans chercher à les étouffer avec des régimes en tous genres, et surtout il faut se réjouir de la beauté de notre sexe. Concrètement, si vous avez honte de ce que vous avez entre les jambes, vous ne supporterez jamais d'avoir votre vulve offerte à la vue et au toucher de toute l'équipe médicale lors de l'accouchement (même s'il s'agit d'un contexte non érotique, bien entendu).

Accoucher, c'est accepter de lâcher prise face à des inconnus qui vont nous observer en sueur, rouge, haletante, gémissante voire hurlante, le sexe écarté, et pourquoi pas jouissante de donner la vie. Quoi de plus sexuel (sans en retirer pour autant la dimension douloureuse) qu'un accouchement ? Si, d'une manière générale, vous avez le sentiment d'être rongée par un certains nombre de tabous, il se peut que vous viviez mal cet instant et que par conséquent vous retardiez l'échéance de l'expulsion. C'est parfois le cas des accouchements qui durent 24 h, des bébés nés après terme, ou tout simplement nés par césarienne sous prétexte que « le travail n'avance plus ».
Sans pour autant être coincées, beaucoup de femmes ressentent de la gêne voire de la douleur lors des coïts vaginaux, y compris en dehors de la grossesse. Globalement, beaucoup trop de femmes, suivant certaines théories fumeuses d'un certain type de féminisme radical, imaginent à tort que le plaisir féminin ne serait que clitoridien, les rapports vaginaux ne servant qu'à assouvir les fantasmes lubriques des hommes. Alors que l'accouchement demande de se relâcher totalement pour laisser avec plaisir ce bébé glisser dans notre vagin, comment voulez-vous que l'on puisse se sentir

capable de cela si déjà habituellement on est effrayée face au passage du sexe de notre partenaire qui est de taille bien moindre ?

Laisser sortir ce bébé, c'est accepter l'ouverture de ce qui fait de nous des femmes. C'est **accepter notre vagin comme étant le lieu de passage du corps d'autrui, qu'il s'agisse de notre enfant ou de notre partenaire sexuel.** C'est un temple, un asile, un refuge, un lieu de création, d'amour, de vie, de plaisir, d'altérité. Il nous faut magnifier ce sexe que notre culture judéo-chrétienne a si longtemps nié. Nous donnons la vie, à ce titre nous sommes des déesses. Acceptons ce statut divin au lieu de nous laisser culpabiliser, les cuisses serrées par tant de honte.

4. le futur papa

« Parfois, contre la paroi de l'antre chaud qui te protège, vient cogner le sexe de ton père, comme un mufle chaud et dur. Et la vie du dehors te parvient, assourdie, portée par la voix familière de celle qui t'héberge. »
Christiane Singer, *Les Âges de la vie,*
collection Espaces Libres, éditions Albin Michel, 1990.

Malgré ces temps de fécondation in vitro, nous ne saurions oublier qu'un enfant se conçoit généralement à deux, que le futur papa soit le géniteur ou non. **Le père n'est pas celui qui plante la petite graine, mais celui qui accueillera le nouveau-né et l'aidera à « naître » en tant qu'individu.** C'est également souvent – mais pas toujours – celui qui sera spectateur des chamboulements extraordinaires que vivra sa compagne durant toute la grossesse et les premiers mois de l'enfant. C'est lui qui devra encourager sa femme dans sa folie maternelle. Car, très honnêtement, **attendre un bébé est une folie**. Foncer tout droit avec son gros ventre, après avoir supporté les vomissements et les insomnies, vers le moment le plus douloureux de notre vie avec une insouciance incroyable relève de la folie. Accepter avec enchantement de faire sacrifice de notre corps de jeune fille et de notre vie d'antan relève d'une inconscience quasi-pathologique. Combien de mères, fraîchement sorties de la salle de naissance, après que leurs maris les aient vues hurler et maudire la terre entière, ont tout naturellement suggéré : « Quand est-ce qu'on en refait un autre ? » **Nous sommes folles et c'est à vous, les pères, de nous maintenir dans cet état.** Même si vous ne nous comprenez pas toujours, même si vous devez aller acheter des chips à quatre heures du matin pour nous faire plaisir.

Nous avons beau être folles, nous avons cependant nos petites angoisses. Durant nos quelques moments de lucidité, nous nous mettons à douter : « Vais-je souffrir durant l'accouchement ? Vais-je mourir pendant l'accouchement ? Va-t-il encore avoir envie de moi lorsque je serai grosse et striée de vergetures ? Ne va-t-il pas finir par me tromper ? Vais-je être une bonne mère ? Vais-je avoir envie de retourner travailler à la fin du congé maternité ? » **C'est à vous, messieurs, de nous rassurer, de nous réconforter.** Ce qui ne vous retire pas le droit d'avoir vous aussi vos propres craintes. Elles ne sont souvent pas les mêmes. Elles ressemblent plutôt à : « Comment va-t-on faire financièrement ? Vais-je savoir m'occuper d'un bébé ? Vais-je encore pouvoir sortir avec mes potes ?... »

Une femme vit sa grossesse dans son propre corps. Elle est donc déjà en contact avec son bébé durant neuf mois avant de l'avoir dans ses bras. Vous, les hommes, êtes confrontés à l'inconnu, à l'incompréhensible durant toute la période de gestation. Certains d'entre vous, très investis dans cette aventure, tentent de nouer un lien précoce avec leur progéniture grâce à des techniques telles que **l'haptonomie**[1]. Je ne saurai qu'encourager les pères dans cette démarche. Rentrer en contact avec le bébé, c'est le considérer comme déjà existant et non comme un simple projet. Or, ce qui crée souvent des disputes parfois irréversibles au sein des couples, est cette différence de conception du fœtus. La grossesse est une période que les femmes vivent pendant que les hommes se préparent à un éventuel projet. On dit d'une femme qu'elle « attend un enfant ». Mais au fond, ce sont surtout les hommes qui « attendent ».

Cette différence entre les hommes et les femmes est très importante à prendre en compte, car elle est source parfois de douloureuses séparations. Combien d'hommes ont tout naturellement suggéré à leur compagne d'avorter à l'annonce d'une grossesse comme si cela était anodin, sans même réaliser la douleur que cela pouvait induire et les séquelles que cela pouvait

1. Méthode qui aide à établir un premier contact avec son bébé par le toucher, visant à ressentir la différence entre le palper médical et le toucher affectif.

laisser ? Les hommes n'ont pas conscience qu'une femme enceinte (et qui souhaite le rester) est déjà une mère. Il ne s'agit plus d'un vague projet, mais d'une réalité charnelle. Je ne parle bien évidemment pas de celles qui ne souhaitent pas, pour des raisons qui leur sont propres, devenir mères. Il n'est absolument pas question de discuter ici le droit de chacune à avorter. Nous avons toutes le droit à l'accident, cela peut arriver à chacune d'entre nous. Cela ne signifie pas pour autant qu'il s'agit d'un acte « facile », anodin, sans aucune souffrance psychologique pour celle qui le subit.

Il y a les pères qui vont tout de suite repeindre la future chambre de bébé et vont parler tous les jours au gros ventre de leur dulcinée. Et il y en a d'autres qui vont faire semblant de ne rien remarquer pendant neuf mois. Ils ne vont rien changer à leurs habitudes, vont continuer à laisser leur femme porter les courses, vont s'agacer de les voir geindre de leurs petits maux. Tant que le bébé n'est pas là, il n'existe pas. Si vous faites partie de cette dernière catégorie, méfiez-vous. Entre son enfant et son compagnon, une mère choisira toujours l'être qu'elle a engendré. Face à une situation de danger, une femme protègera toujours la vie de son enfant avant toute autre personne. Si vous blessez votre compagne en niant l'enfant qu'elle porte en elle (en lui demandant d'avorter alors qu'elle s'y oppose, ou en niant sa grossesse), il est possible qu'elle ne vous le pardonne jamais. Ce qui sera inévitablement source de tensions conjugales. Elle pourra vous délaisser, ne plus vous désirer, et peut-être même vous quitter.

Mon premier conseil aux futurs papas en vue d'une harmonie de couple sera donc celui-ci : **essayez d'envisager cet enfant non pas comme un simple projet, mais comme une réalité.** Vous ne pouvez bien évidemment pas vous mettre à la place de votre femme. Mais tentez cependant de la comprendre. Elle vit et respire désormais pour deux.

Ces pères qui ne peuvent plus approcher leur femme durant neuf mois

On parle souvent des blocages sexuels des femmes enceintes, mais on aborde peu les craintes des futurs papas. On imagine volontiers qu'une future maman est tellement monopolisée par son ventre et par sa progéniture à venir qu'elle ne peut pas se laisser aller à des pensées bassement érotiques. On la regarde avec admiration, telle Marie portant l'enfant Jésus. Les hommes, eux, ne seraient finalement pas concernés par ce bébé à naître et demeureraient d'affreux animaux lubriques. « Les hommes ne pensent qu'au sexe », c'est bien connu.

Contrairement à ce que l'on pourrait imaginer, **ce sont le plus souvent les hommes qui sont paralysés sexuellement par la présence de cet enfant camouflé dans le ventre de sa mère.** Ce sont eux qui fuient le contact et rangent leur érection au placard en attendant avec patience que neuf lunes s'écoulent. Mieux vaut l'abstinence que de faire l'amour avec une femme enceinte ! « Mon Dieu, pourquoi ? » se demandent bon nombre de parturientes qui contrôlent avec peine la montée de leur désir exacerbé par leurs hormones. Il y a à cela plusieurs réponses. Certains vous répondront, du mépris plein la bouche, que « c'est moche une femme enceinte ». Un corps déformé, de la graisse, des seins lourds, des jambes gonflées… Toutes ces considérations subjectives ne camouflent en fait qu'un refus très clair de la maternité et, par extension, de la féminité. Ce sont souvent les mêmes qui fantasment sur les mannequins anorexiques.

Mais généralement, **la question de la beauté et des formes n'est strictement pour rien dans ces blocages masculins. Le vrai problème réside dans ce que vous représentez désormais : vous êtes une mère en devenir.** Vous n'êtes plus un fantasme sexuel classique, mais un être intouchable. En tant que créatrice de vie, vous êtes en train d'acquérir à leurs yeux un statut entre la divinité et l'autorité maternelle. Pour certains, coucher avec leur épouse enceinte reviendrait pratiquement au même que coucher avec leur propre mère. Quoi de plus castrateur que de s'imaginer au lit avec celle que l'on va appeler « Maman » ?

L'attitude du futur papa va également dépendre de son type habituel de fantasme. Pour faire dans le caricatural, prenons un homme qui a besoin que sa femme adopte une attitude obscène et qui aime lui susurrer des cochonneries à l'oreille. Il se peut que le « T'aimes ça salope » avec la claque sur les fesses ne corres-

ponde absolument plus à ce que lui inspire désormais sa partenaire au ventre rond. Même s'il s'agit d'une simulation de manque de respect (et non d'un manque de respect réel) à travers ce type de fantasme, il est fréquent que les hommes ne se sentent plus en capacité d'adopter une attitude dominante vis-à-vis d'une future mère. Ils auraient ainsi l'impression de la « souiller ». La mère est cet être respectable qui prend soin des enfants. La pute est celle avec qui l'on peut réaliser ses fantasmes les plus outranciers. Mais peut-on réaliser ses fantasmes outranciers avec une mère ?
Ce décalage de désir dans le couple est souvent regrettable. Car c'est bien justement lors de cette période de grossesse que beaucoup de femmes ont un désir d'abandon total dans les bras de l'homme qu'elles aiment. **C'est probablement la période la plus propice à la réalisation de fantasmes plus développés qu'à l'accoutumée.**

Ce qui est inquiétant, outre la quasi absence de sexualité durant neuf mois, c'est **la non assurance que les rapports reprennent après la grossesse**, comme me l'a affirmé avec douleur Stéphanie :
« Depuis l'accouchement, il ne me touche pratiquement plus. Ma fille a deux ans maintenant, et nous n'avons fait l'amour que cinq fois depuis sa naissance. La seule chose qu'il accepte, c'est la fellation. Mais il refuse de me toucher. Les rapports avaient déjà commencé à s'espacer à partir de la grossesse. J'avoue que je songe parfois à le quitter, cela ne pourra pas durer éternellement ! Non seulement je suis frustrée, mais en plus j'ai peur qu'il me trompe. »

Si vous faites partie de ces pères bloqués par la grossesse, interrogez-vous sur la source de votre gêne. Ne vous cachez pas derrière un « on verra après l'accouchement » faussement rassurant. Serez-vous capable de reprendre une sexualité réelle lorsque vous verrez votre femme donner le sein toutes les deux heures ? Attendrez-vous que cette bouche qui embrasse votre enfant vienne vous faire des fellations ? **Tant que vous n'aurez pas accepté que votre partenaire puisse endosser à la fois le rôle de mère et celui d'amante, votre relation sera en péril.** Fort heureusement, ce blocage est beaucoup moins fréquent lors des grossesses suivantes.

Assister ou ne pas assister à l'accouchement ?

« La naissance est un moment très intime, histoire d'amour, de sexe, de filiation, parfois de mort. »
Dr Gérard Strouk, *Je vais être papa*,
éditions du Rocher, 2001.

C'est la grande question que se posent tous les futurs pères : dois-je ou non assister à l'accouchement ?
Il y a ceux pour qui la question ne se pose absolument pas et qui ne louperaient ce spectacle sous aucun prétexte. Et il y a les autres, c'est-à-dire l'immense majo-

rité, qui se demanderont jusqu'au bout s'ils ont réellement intérêt à être présents ce jour-là.
Pendant que votre femme sent et vit son enfant en devenir, vous n'envisagez l'accouchement que comme un lointain projet, un vague fantasme. Là où la mère a été avertie de tous les gestes médicaux, de la péridurale, de l'épisiotomie, vous, vous ne savez même pas réellement comment tout cela se déroule. Le plus souvent, vous ne connaissez de la naissance que ce que vos amis, vos collègues, votre famille vous ont raconté. « Il paraît que Machin, depuis qu'il a vu sa femme accoucher, il est tellement dégoûté qu'il ne peut plus l'approcher. » Ou encore : « Tu verras, c'est horrible. Il y a du sang, de l'urine, des selles. » Face à ces descriptions peu ragoûtantes, c'est parfois à contrecœur que vous acceptez d'assister à cet évènement qui chamboulera votre existence et fera de vous un homme nouveau : un père. De nos jours, la très grande majorité des parturientes n'envisagent plus l'accouchement comme une simple affaire de femme et réclament la présence du père à leurs côtés. À une époque où l'on n'accouche plus chez soi entourée de sa famille, mais à l'hôpital face à des inconnus, on peut comprendre que l'on ait envie d'avoir à ses côtés l'homme qui partage notre intimité.

Mais vous, les pères, dans la grande majorité des cas, vous n'avez pas suivi de préparation à la naissance. **Il existe désormais dans certaines maternités des groupes de discussion réservés aux futurs pères.** Chacun vient partager ses angoisses, ses appréhensions. Si cela vous est possible, je vous recommande vivement d'y assister. En revanche, évitez à tout prix de

tenter de recueillir les témoignages de vos amis ou membres de votre famille. Il existe une espèce de complaisance dans l'horreur dès qu'il est question de discussions autour de l'accouchement, tant chez les hommes que chez les femmes. Lorsqu'un couple attend un enfant, il est en général submergé de : « Moi j'ai perdu au moins trois litres de sang, j'ai eu sept points de sutures, le bébé est sorti tout violet, c'était horrible », etc. Comme si chaque parent avait besoin d'exorciser certains démons en terrifiant les autres futurs parents avec des histoires plus atroces les unes que les autres.
Non un accouchement n'est pas abominable, non il n'y a pas forcément du sang, non cela ne marque pas nécessairement la fin de votre vie de couple.

Mon principal conseil sera de laisser votre femme décider de votre présence ou non. Le bon déroulement d'un accouchement dépend de l'état psychologique dans lequel se trouve la parturiente. L'accouchement, contrairement aux apparences et à ce que la médecine essaie de nous faire croire, est un processus psychologique et non physique. Tout se joue dans la tête de celle qui accouche. Parfois, votre simple présence peut bloquer ou au contraire favoriser la progression du travail. Dans la très grande majorité des cas, il est probable que votre femme vous demande de rester. Mais rester à ses côtés ne signifie pas nécessairement avoir les yeux rivés sur une vulve distendue et sanguinolente.

Votre place durant l'accouchement

Assister à l'accouchement ne signifie pas rester entre les jambes de votre femme.
Il fut un temps où, dans les campagnes, les hommes savaient vêler et agneler. La majorité des accouchements se déroulant alors à la maison, il n'était pas rare que le père soit présent voire même qu'il « accueille » lui-même le bébé entre ses mains. Mais ces temps étant révolus, les hommes ont perdu le contact avec la chair humaine. Il est donc parfaitement probable que la plupart d'entre vous ne soient pas capables d'assister au spectacle, pourtant magnifique, du sexe de votre femme expulsant la tête de votre enfant. De plus, certaines pratiques médicales peuvent vous choquer profondément et perturber votre vie sexuelle future. Car en fin de compte, ce sont le plus souvent des actes tels que l'épisiotomie ou l'utilisation de forceps qui risquent de vous chambouler plutôt que l'accouchement en lui-même. Rassurez-vous si votre femme réclame votre présence à ses côtés : il ne vous sera pas imposé d'attendre le bébé entre ses jambes. **Votre rôle sera d'être près d'elle et non à la place de l'obstétricien.**

Si vous n'avez pas eu le temps d'assister aux cours de préparation à l'accouchement avec votre femme, voici un cours de rattrapage : « L'accouchement pour les nuls ».

• **La durée :** la plupart des hommes ne connaissent de l'accouchement que ce qu'ils en ont vu dans les films. C'est-à-dire, une femme qui arrive en courant et en hurlant qu'elle a perdu les eaux, une équipe médicale qui s'affole autour d'elle, trois ou quatre poussées et hop ! un bébé dans les bras cinq minutes plus tard. Autant vous préparer psychologiquement : vous aurez le temps de voir les choses venir, surtout s'il s'agit d'un premier bébé. Bien sûr qu'il existe des femmes qui accouchent en une ou deux heures ! Mais en principe, mieux vaut se préparer à **une durée moyenne de sept heures environ** (parfois beaucoup plus si l'accouchement n'avance plus en cours de route). Ce qui signifie qu'il sera parfaitement inutile de commencer la respiration du petit chien dès les premières contractions de votre femme. Préparez-vous à de longues heures durant lesquelles vous l'aiderez à se détendre.

• **Votre rôle durant l'accouchement :** il consistera à **vous mettre à la disposition de votre femme.** Proposez-lui un bain chaud, de la musique, un brumisateur, un massage. Essayez autant que possible de vous informer auprès d'une sage-femme sur les différentes techniques de massage pour soulager la douleur. Pensez à prendre une petite bouteille d'huile d'amande douce au cas où.

Il est possible également que votre rôle se résume **simplement à être là et vous taire durant tout le travail**. Vous ne pouvez pas prédire à l'avance quel sera le comportement d'une femme qui s'apprête à accoucher. Peut-être sera-t-elle en demande vis-à-vis de vous. Mais peut-être vous enverra-t-elle balader dès que vous vous rapprocherez d'elle. N'oubliez pas qu'il s'agit originellement d'un « mammifère en train de mettre bas » et qu'elle peut avoir des réactions étranges. Ne vous formalisez pas si elle vous hurle : « Mais tu vas me foutre la paix ? » Dites-vous qu'elle gère comme elle peut cette douleur et cet évènement. Surtout, ne vous vexez pas pour si peu.

• **Lorsque le bébé est né :** la sage-femme vous proposera peut-être de **couper le cordon ombilical**. Surtout, ne vous y sentez pas obligé et ne le faites que si cela vous fait plaisir. Certains feront de la psychologie de comptoir et vous expliqueront qu'il est nécessaire que le père en tant que tierce personne coupe le cordon ombilical, geste symbolique destiné à « séparer » la mère de son enfant. N'écoutez pas cette théorie fumeuse. Premièrement parce que vous n'êtes pas un tiers, mais au contraire un membre faisant partie intégrante de cette nouvelle triade papa-maman-bébé. Deuxièmement parce que votre rôle n'est pas de « séparer », mais au contraire de « créer le lien » entre votre enfant et sa mère. Car ce lien, qui était une réalité corporelle durant tout le temps de la grossesse, n'est plus une évidence à partir du moment de la naissance où les deux corps sont désormais séparés.

Après un temps de peau à peau entre le nouveau-né et sa mère, on vous proposera probablement de **l'accompagner prendre un premier bain et recevoir les premiers soins**. Il s'agira également du moment où votre compagne, probablement restée seule avec la sage-femme ou l'obstétricien, expulsera le placenta. Votre présence n'est pas nécessaire. L'expulsion n'est en général pas vraiment douloureuse. À ce moment-là, le placenta, qui ressemble à un gros morceau de foie, est minutieusement observé afin de vérifier qu'il ne reste pas de morceau dans l'utérus, ce qui provoquerait une hémorragie.

Ces pères qui trompent

Beaucoup de femmes se l'avouent entre elles : elles ont peur d'être trompées pendant la grossesse. Cela peut paraître incroyable, mais tromper sa femme (ou l'abandonner) alors qu'elle attend un enfant est malheureusement un acte très répandu. Mettons d'abord un ordre de gravité dans la tromperie.

Il y a ceux qui regardent des films X

Vous êtes enceinte et vous le surprenez en train de regarder un film pornographique. L'erreur serait de considérer cela comme une tromperie. Regarder des femmes vir-

tuelles sur un écran en train de batifoler avec d'autres hommes n'est en rien un acte de cocufiage. Peut-être en regardait-il déjà avant votre grossesse ? Il s'agit pour beaucoup d'un support à fantasmes qui vient peut-être combler une certaine frustration due à une absence de désir de votre part. Certains hommes peuvent également être bloqués psychologiquement par l'état tant bien physique que mental de leur compagne. Se réfugier dans un film pornographique en y recherchant des prestations érotiques imaginaires n'est en rien nuisible à votre couple. En revanche, essayez de remédier au plus vite à ce problème de frustration sexuelle.
Quoi qu'il en soit, **parlez-en ouvertement, sans le juger.** Ne le considérez pas comme un petit garçon pris en flagrant délit de bêtise. Après tout, il est majeur, il a parfaitement le droit de visionner ce type de spectacle. Cela n'est pas nécessairement synonyme de problème dans l'harmonie de votre couple. Peut-être n'est-il pas frustré du tout et ne considère-t-il cela que comme un moment de détente. Peut-être même y êtes-vous conviée ?

Il y a ceux qui chattent sur des sites de rencontre

De plus en plus de femmes enceintes passent leurs neuf mois de gestation à surfer sur des forums de grossesse et recherchent ainsi une certaine solidarité entre parturientes. C'est ainsi qu'à leur image, quelques futurs pères vont également surfer, mais sur des sites d'un tout autre genre : les sites de rencontre. Le Net est une évasion. On y rencontre des gens virtuels cachés derrière un pseudo. On s'y construit une fausse identité, une fausse situation, une fausse sexualité aussi.

L'anonymat permet de se créer une nouvelle vie, ce qui a pour résultat de nous faire fuir la vraie, celle de notre quotidien. C'est ainsi que beaucoup de futurs pères, angoissés par leur vie à venir, fuient leur compagne pour s'égarer sur des sites de discussions érotiques. **Bien souvent, ces rencontres ne sont que virtuelles** et ne débouchent pas sur quoi que ce soit de concret. Tout comme les images pornographiques, ces chats ne sont que des supports à fantasmes qui débouchent éventuellement sur une masturbation.

Si vous surprenez votre compagnon sur ce type de site, essayez de comprendre pourquoi. Peut-être vit-il très mal votre grossesse, ce qui nécessiterait au plus vite une meilleure communication. **Ne vous alarmez pas, il ne s'agit pas d'un passage à l'acte réel.** Peut-être est-il en demande de fantasmes auxquels vous ne souhaitez plus répondre depuis que vous savez que vous allez devenir mère ?

Il y a ceux qui draguent

Là, on sort de la sphère du virtuel et de l'imaginaire pour se rapprocher dangereusement du passage à l'acte. La drague qui ne donne pas lieu à un rapport sexuel ni à une relation intime, que l'on peut élégamment nommer « allumage », est un jeu périlleux auquel jouent ceux – et celles – qui ont besoin de se prouver leur potentiel de séduction. « Je séduis, tu mords à l'hameçon, je me prouve que j'ai une valeur, que je suis encore capable de plaire. » Allumer n'est pas un rapport à autrui, mais plutôt un rapport avec son propre ego. Si votre mari « drague » une autre femme, voire même un homme, cela ne signifie pas nécessairement qu'il est intéressé par cette personne. À vrai dire, il ne la « voit » probablement pas. Ce qu'il regarde, c'est si sa capacité à séduire fonctionne et s'il est toujours coté à l'argus. Cependant, **même si la drague n'est pas un passage à l'acte en soi, elle peut accidentellement déboucher sur un baiser ou une relation sexuelle**. Vous avez le droit, en tant que mère portant un enfant de cette personne, de manifester votre mécontentement et de demander des comptes. Optez pour la méthode douce en questionnant le dragueur sur la raison de ses actes.

Il y a ceux qui trompent carrément

Il a commis l'irréparable et vous l'avez découvert (ou, s'il est honnête, c'est lui qui vous en a informée). Tromper une femme enceinte est, aussi incroyable que cela puisse paraître, un acte très courant. Certains vont même pousser la lâcheté jusqu'à abandonner leur compagne durant la grossesse.

Dans le film italien *L'Ultimo bacio*[1], réflexion sur la trentaine et le passage à l'âge adulte, un des personnages principaux, qui vient d'apprendre qu'il va être papa, prend la fuite et finit par tromper sa compagne. On le voit tenter de s'accrocher à sa jeunesse et à son insouciance en participant à une sorte de surboum. Il séduit une fille, beaucoup plus jeune que lui, et revit ainsi des émotions similaires à ses premiers flirts et ses premières découvertes érotiques. Ainsi, dans le film, cette tromperie exprime le refus de passer à l'âge adulte et la peur de se retrouver prisonnier d'une vie familiale trop contraignante.

1. *L'Ultimo bacio* (*Juste un baiser*, Italie, 2001), de Gabriele Muccino, avec Stefano Accorsi, Giovanna Mezzogiorno.

Pour beaucoup d'hommes, l'annonce de la venue d'un bébé est synonyme de perte de liberté. Il fut un temps où les choses se faisaient dans un ordre précis, sans trop se poser de questions : les couples commençaient par se marier jeunes, puis ils enfantaient relativement rapidement. Aujourd'hui, les choses ont bien changé dans nos sociétés modernes, et près d'un enfant sur deux naît hors mariage. L'âge de procréation a été nettement repoussé, la moyenne française approche les trente ans. Il apparaît que l'âge de l'engagement n'est également plus le même. Le divorce ayant été simplifié, le mariage n'est plus un engagement *ad vitam aeternam*. Par conséquent, pour beaucoup de jeunes couples, la première réelle « corde au cou » n'est plus le mariage, mais le premier bébé. C'est donc souvent lors du passage à la trentaine que l'on entrevoit la première immense responsabilité de « donner » sa vie au profit d'une autre et de mettre en route une descendance.

À l'annonce de cette responsabilité, les femmes ne peuvent pas s'échapper. Elles auront beau faire leur valise et partir très loin, le bébé les suivra dans leur ventre. La seule solution de rejet de ce projet d'enfantement est l'avortement. Concernant les futurs pères, il existe un moyen beaucoup moins douloureux que l'avortement : il s'agit de **la fuite**. La fuite devant des responsabilités, devant un projet de vie. Mon rôle n'est absolument pas de juger ces hommes qui refusent cette paternité, chaque cas étant particulier. Cependant, à partir du moment où, au sein d'un couple, cette nouvelle de grossesse (qu'elle soit programmée ou accidentelle) est validée par les deux

membres et qu'il est convenu pour chacun de devenir parents ensemble, il semble tout de même légèrement inconvenable de tromper celle qui va faire don de son corps pendant neuf mois.
Si vous avez été trompée (ou si vous avez peur d'être trompée), **ne vous sentez pas responsable**. Certaines futures mères culpabilisent et regrettent leur ancien corps de jeune fille. S'il vous trompe, ce n'est pas parce que vous avez pris du ventre, mais parce qu'il fuit ce que vous représentez. En se vautrant dans les bras d'une autre femme, il essaie d'échapper à son avenir. Il agit par peur de perdre sa liberté. Vous ne pourrez pas le raisonner, car oui, il va en effet perdre sa liberté. Et vous aussi d'ailleurs. Ne soyons pas aveugles, nous accueillons cette nouvelle vie de parents qui s'offre à nous en enterrant celle des grands adolescents insouciants. Rassurez-vous, cela vaut le coup de perdre tout cela car ce que l'on gagne est nettement supérieur.

Ces femmes qui ont peur d'être trompées

Le père de votre enfant n'a commis aucune faute, et pourtant... votre hantise est d'être trompée. Vous êtes à l'affût de ses moindres gestes, paroles, ou regards. Vous ne supportez plus qu'aucune femme s'approche de lui et le suspectez en permanence. Rassurez-vous, vous n'êtes pas la première femme enceinte à ressentir cela. Plusieurs raisons peuvent expliquer votre jalousie exacerbée :

Vous n'avez plus confiance en vous ni en votre pouvoir de séduction. Votre corps change à vue d'œil et cela vous inquiète. Vous craignez que vos nouveaux kilos ne vous permettent plus d'être attirante. Vous ne vous sentez plus femme, mais uniquement mère. Votre crainte est que votre compagnon ne vous regarde plus comme une maîtresse, mais plutôt comme une matrice. C'est uniquement parce que vous avez perdu cette assurance que vous avez peur qu'il aille trouver refuge dans les bras d'une autre. Essayez de vous réconcilier avec ce nouveau corps plutôt que de faire des crises de jalousie destructrices. Il n'y a rien de pire qu'être soupçonné de tromperie lorsqu'on est blanc comme neige.

Vous n'avez plus aucune activité sexuelle depuis que vous êtes enceinte. Soit parce que cela vous est déconseillé pour raison médicale, soit parce que vous en avez perdu le désir. Vous craignez que cette absence de relation ne le pousse « naturellement » vers d'autres femmes. Commencez par vous rassurer. Tous les hommes ne sont en effet pas d'horribles monstres lubriques incontrôlables. S'ils sont frustrés, ils vont dans la plupart des cas préférer se masturber et prendre leur mal en patience plutôt que de risquer de détruire leur couple. Cependant, cette situation n'est jamais souhaitable à long terme. Essayez autant que possible de maintenir un érotisme entre vous, n'aboutissant pas nécessairement sur une pénétration. Partagez des moments intimes, des massages, des fantasmes.

Il ne s'approche plus de vous depuis que vous êtes enceinte. Soit parce qu'il a peur d'être espionné par le bébé, soit parce que vous lui renvoyez une image trop maternelle incompatible avec ses fantasmes. Cette situation est la plus difficile à vivre pour les futures mamans. D'une part parce que cela les frustre sexuellement, d'autre part parce que cela leur renvoie une image dévalorisée d'elles-mêmes. La seule solution est de le rassurer sur le fait que le bébé n'a pas conscience qu'il y a un rapport sexuel, et de continuer à le séduire. Usez de divers subterfuges, un homme reste rarement de marbre durant neuf mois face aux tentatives de sa femme. Si c'est le coït qui le bloque, proposez-lui, si vous en avez envie, des rapports sans pénétration.

Ces femmes enceintes qui trompent leur mari

Un nombre considérable de femmes ont des relations extraconjugales durant la grossesse. Il peut y avoir à cela plusieurs raisons :

Il y a celles qui avaient déjà un amant avant de tomber enceinte et qui n'ont pas rompu. Il n'y a rien de vraiment étonnant à cela, énormément de femmes trompent leur conjoint. Que faire de son amant lorsque l'on attend un enfant ? Certaines choisissent de tout garder : l'enfant, l'amant, le mari.

Il y a celles qui subissent un incroyable bouleversement hormonal (en général lors du second trimestre de grossesse) et qui ne pensent « qu'à ça » toute la journée. Elles se sentent libérées des désagréments du premier trimestre, le risque de la fausse couche est passé, leur poitrine est plus sensible que jamais, leur ventre n'est pas encore imposant, elles ont pris quelques formes ultra-féminines... Autant de raisons pour qu'elles se révèlent en tant qu'amantes. La grossesse est une période de sensibilité extrême durant laquelle la sexualité peut devenir exacerbée. Beaucoup de femmes enceintes avouent faire régulièrement des rêves érotiques qu'elles n'avaient pas l'habitude de faire auparavant. Malheureusement, leur désir insatiable n'est pas toujours honoré par leur par-

tenaire. C'est ce qui les pousse parfois à aller voir ailleurs si l'herbe est plus verte.
Quoi qu'il en soit, **essayez de préserver votre couple autant que possible durant la période de la grossesse**. Vous ne vous en rendez peut-être pas encore compte, mais vous aurez plus que jamais besoin de votre conjoint lors des premiers mois de votre enfant. **Être maman solo n'a jamais été facile.** Il serait dommage que cela arrive à cause d'une histoire de relation extraconjugale.

Ces hommes qui fantasment sur les femmes enceintes

Beaucoup de futures mamans, en particulier si elles sont jolies, se font outrageusement draguer dans la rue. Qui sont ces hommes qui observent avec des yeux lubriques ces mères au ventre rond ?
Sur Internet, il y en a plein les forums normalement réservés aux femmes enceintes. Ils tentent par divers subterfuges de rencontrer des parturientes, leur demandent de raconter leurs expériences sexuelles... Ce sont les hommes qui fantasment sur la maternité. Thomas, qui n'a pourtant jamais été père, les qualifie de « **hyper-féminines, sexy, matures, belles, épanouies** ».

« Les plus belles femmes sont pour moi celles qui attendent un enfant. J'aime voir ce corps arrondi, ces formes sensuelles, cette poitrine que j'imagine bientôt pleine de lait. Je n'aime pas toutes ces filles de magazine. Elles sont trop maigres, elles ont l'air malade. D'une manière générale, je vais beaucoup plus facilement être attiré par des femmes qui sont un peu en chair, même si elles ne sont pas enceintes. Mais c'est vrai que lorsque je vois ces futures mamans passer dans la rue, je ne peux pas m'empêcher de les suivre du regard. Je les imagine dans différentes postures sexuelles où je pourrais admirer leurs seins et leur ventre. J'attends avec impatience le jour où je pourrai faire l'amour avec une femme qui attendra mon propre enfant. »

C'est en vue de ce public qu'il existe **des films pornographiques mettant en scène des femmes enceintes.** Je ne sais que penser de ce type de production. Mes interrogations portent d'une part sur le consommateur de ce type d'image, d'autre part sur la femme qui joue dans ce genre de film.

En tant que pornographe, mais aussi en tant que mère, mes sentiments sont ambivalents. Il m'est difficile de comprendre personnellement que l'on puisse fantasmer sur une femme enceinte qui porte l'enfant d'un autre. Pourtant, j'ai pris un jour le temps de discuter avec un consommateur de ces films. Il m'a tout simplement expliqué que la vision d'une scène pornographique mettant en scène une femme enceinte lui rappelait les expériences excitantes qu'il avait lui-même vécu avec sa compagne lorsque elle attendait un enfant. Cette explication m'a éclairée et m'a fait changer d'avis sur ces consommateurs, que j'imaginais plutôt comme amateurs de « bizarreries » pornographiques. J'avais pour préjugé que ces hommes regardaient ces films comme ils auraient regardé des films zoophiles. J'ai probablement eu tort.

Je me pose également des questions sur la femme qui décide de tourner dans ces vidéos. En effet, à une ou deux exceptions près, toutes les actrices de films X qui tombent enceintes arrêtent ce métier. Quelques-unes décident de reprendre éventuellement plus tard. Mais toutes réservent cette période de leur vie à l'intimité de leur couple et non plus aux yeux des spectateurs. Qu'est-ce qui peut donc pousser une femme, qui en général n'a jamais été actrice lorsqu'elle n'était pas enceinte, à tourner dans un film porno ? Peut-être y a-t-il pour certaines une situation de détresse financière les menant à cela ? Mais cette explication ne me convient guère. En effet, le moment où une femme a le plus besoin d'argent, c'est lorsque son enfant est en bas âge, pas lorsqu'il est encore dans son ventre. Or, beaucoup de ces actrices spécialisées dans la grossesse n'apparaissent plus dans aucun film une fois leur petite progéniture née. De plus, on ne laisse pas de nos jours une femme enceinte mourir de faim dans les rues. Énormément de services sociaux et d'allocations peuvent aider les parturientes. Il doit y avoir une autre explication. Peut-être est-ce tout simplement les hormones et la libido grandissante qui encouragent des futures mères à se faire filmer ? Il ne faut pas oublier que, outre la vision misérabiliste que la société porte sur les actrices porno, il s'agit bien souvent de femmes qui ont le fantasme exhibitionniste d'être vues en train de jouir.

Est-il condamnable de fantasmer sur des femmes enceintes ? A priori non. Il est vrai qu'elles sont souvent resplendissantes et que certaines se découvrent sexuellement durant la grossesse. Cela signifie-t-il qu'il faille s'autoriser à les draguer lourdement dans la rue ? Définitivement, non. Il faut savoir marquer une séparation nette entre fantasme et réalité. Une femme enceinte est souvent focalisée d'une part sur son nombril, d'autre part sur son couple. C'est l'agresser que de vouloir pénétrer dans sa bule.

5. après l'accouchement

Reprendre une vie sexuelle

Quand reprendre les rapports ?

Il n'y a que vous qui puissiez savoir quand vous vous sentirez prêts, l'un comme l'autre, à reprendre les rapports sexuels. D'une manière générale, on conseille aux jeunes mères d'attendre la fin des saignements, c'est-à-dire environ **deux à trois semaines après l'accouchement**. Les couples reprennent en moyenne une activité sexuelle deux mois après la naissance. Mais vous n'êtes bien entendu pas obligés d'attendre un tel délai, ni même de vous jeter l'un sur l'autre si vous ne le sentez pas encore.

Et après une césarienne ?

Sachant qu'en France 15 à 20 % des accouchements se font par césarienne, nous ne saurions les oublier dans ce livre. C'est votre gynécologue qui vous indiquera au bout de combien de temps vous pourrez reprendre les rapports. Il connaît parfaitement votre cas et sera la personne la plus à même de vous conseiller. S'il omet, volontairement ou non, de vous donner cette indication, comptez en moyenne un mois et demi. Cette durée n'est qu'indicative. **C'est à vous de savoir si vous vous en sentez physiquement capable ou non.** Quoi qu'il en soit, faites en sorte de reprendre une sexualité en douceur et non comme un marteau-piqueur. Vous pourrez évoluer progressivement vers une sexualité plus « énergique ».

La contraception post-natale

L'allaitement complet, bien qu'il retarde l'ovulation, n'est pas une méthode de contraception ! Si vous allaitez exclusivement, il est vrai que vos risques de tomber enceinte sont moindres. Cependant, l'ovulation survient AVANT vos premières règles. Il y aura donc une période durant laquelle vous serez fertile sans le savoir juste avant votre retour de couches. C'est réellement jouer avec le feu que de se fier complètement à l'allaitement comme méthode contraceptive.

Mieux vaut attendre que votre organisme se rééquilibre avant de reprendre une pilule contraceptive. Votre corps vient de subir d'importantes variations hormonales, autant patienter quelques semaines. De plus, il paraîtrait que la pilule perturbe parfois légèrement la production de lait dans les débuts de l'allaitement, même si les dosages sont de moins en moins conséquents.

Si vous souhaitez vous faire poser un stérilet, parlez-en à votre gynécologue lors de la visite post-natale qui doit avoir lieu durant les huit semaines suivant l'accouchement. Seul votre médecin pourra vous dire quelle est le délai à respecter avant la mise en place d'un stérilet.

Les spermicides ne peuvent être utilisés seuls. Ils ne constituent pas une méthode de contraception fiable à 100 %. Ils diminuent le risque de grossesse non désirée sans pour autant le supprimer.

Le coït interrompu n'est ni plus ni moins fiable qu'avant la grossesse. Un seul spermatozoïde suffit à féconder une femme lors de l'ovulation. Rappelez-vous que l'on peut trouver des spermatozoïdes également dans le liquide pré-éjaculatoire... Méthode à n'utiliser que si vous êtes prêts à faire face à « l'accident » !

Le préservatif, bien qu'il ne constitue pas la méthode la plus agréable pour un couple régulier qui a déjà l'habitude de faire l'amour sans, demeure le moyen de contraception le plus adapté pour ceux qui viennent d'accueillir un nouveau-né. Vous pouvez l'utiliser dès la reprise des rapports sexuels. Il n'existe aucune contre-indication et son efficacité n'est plus à démontrer.

Les premiers mois

« Je ne sais pas pourquoi, mais je n'ai plus envie du tout. Il n'y est pour rien. »
Lu sur un forum.

Vous avez accouché il y a plusieurs semaines, voire plusieurs mois, et vous n'avez pas, mais alors absolument pas, envie de reprendre les rapports sexuels avec votre conjoint. Il n'y a rien d'étonnant, plusieurs facteurs peuvent expliquer cela :

Vous ne supportez pas votre corps. Vous vous sentez comme une baudruche vide, le ventre flasque, la peau flétrie. Il est vrai qu'en général lorsque l'on vient d'accoucher, notre corps frôle rarement la perfection. Soyez indulgente avec vous-même. Il vous faudra deux mois pour vous remettre des derniers vestiges de votre grossesse et éliminer votre rétention d'eau. Ensuite, il vous faudra un temps indéterminé allant de quelques semaines pour les unes à quelques années pour les moins courageuses pour vous débarrasser de vos kilos et retrouver votre fermeté. Sachez apprécier ce corps qui a donné la vie. Et dites-vous que votre partenaire n'est pas complètement idiot et ne vous jugera pas si vous ne retrouvez pas instantanément votre silhouette de jeune fille.

Vous êtes épuisée. L'accouchement vous a crevée. Vous pensiez profiter de votre séjour à la maternité pour vous reposer, mais chacune de vos siestes a été interrompue par les visites de la famille et de vos amis. Une fois rentrée chez vous, vous aviez cru pouvoir jouir de votre congé maternité. Mais vous vous êtes rendu compte très rapidement que si l'on vous accordait un congé, ce n'était pas pour vous la couler douce. Entre l'allaitement (qu'il soit au sein ou au biberon), les nuits entrecoupées, les tonnes de couches, la lessive, les pleurs... Vous ressemblez à un zombie avec vos cernes sous les yeux. Même prendre une douche relève d'une mission impossible, alors vous êtes bien éloignée de tout désir sexuel.

Vous donnez le sein à votre bébé. Nuit et jour. Non seulement cela ne favorise pas spécialement les moments d'intimité avec votre conjoint. Mais surtout, cette symbiose avec votre enfant peut pleinement vous satisfaire et vous détourner de tout désir. De plus l'ocytocine sécrétée lors de l'allaitement peut aller jusqu'à provoquer des orgasmes. Vous n'avez absolument pas à culpabiliser, cela n'a rien à voir avec les fantasmes ni l'attirance sexuelle.

Les nouvelles tensions dans le couple

Prenons une situation classique : le bébé pleure. Pour la cinquième fois cette nuit, il hurle et vous appelle.

« Chéri, tu veux pas y aller ?
— Ah non, vas-y toi, moi je travaille tôt demain matin.
— Oh, s'il te plaît, je n'ai pas dormi depuis des lustres. Je suis épuisée.
— Tu n'auras qu'à faire la sieste demain.
— Mais dans la journée, le bébé ne me laisse pas le temps de dormir.
— Je bosse. Toi, tu es en congé, j'estime que c'est à toi de te lever la nuit.
— Tu crois que si je suis en congé maternité c'est pour me la couler douce ? »

Et pendant ce temps-là, bébé pleure. Le ton monte, les tensions augmentent au sein du couple. Le lendemain, le même couple se disputera pour savoir qui doit faire les courses : le papa « épuisé parce qu'il travaille », ou la maman épuisée par le nouveau-né. Le baby clash n'est pas une légende. Si 45 % des couples franciliens se séparent durant les trois premières années de l'enfant, c'est bien justement parce que l'accumulation de toutes ces petites disputes anodines finissent par peser sur la solidité d'un couple. Les petites disputes du quotidien sont souvent responsables de l'arrêt de toute sexualité.

En ce qui concerne les hommes, **la fatigue peut vite devenir la cause de pannes à répétition**. Réveillé chaque nuit par les pleurs de son enfant, un homme deviendra très rapidement de moins en moins performant physiquement. La confrontation avec cette légère impuissance passagère peut être perturbante et amener à éviter tout contact érotique, de peur d'« échouer » à nouveau.

Les interruptions

Cela vous semble incroyable : vous avez l'impression que votre bébé dispose d'un radar et qu'il se réveille chaque fois que vous projetez de faire l'amour. Comme par magie, à peine vous êtes vous rapprochés l'un de l'autre qu'il se met à pleurer. Une jeune mère ne peut bien évidemment pas se laisser aller si elle a l'impression que son bébé a besoin d'elle. Afin d'éviter ce genre d'incident, mieux vaut passer une bonne heure à satisfaire tous les besoins de votre enfant (tétée, jeu...) jusqu'à ce qu'il s'endorme profondément avant d'envisager des rapports sexuels.

La sécheresse

Même si votre désir est au beau fixe, vous avez la sensation d'être « sèche ». Il n'y a rien d'étonnant à cela, une baisse de la lubrification est fréquente après un accouchement. N'hésitez pas à utiliser des gels lubrifiants pour palier ce problème. Si vous êtes encore irritée ou que votre cicatrice tiraille légèrement, évitez de prendre des gels qui peuvent vous brûler et préférez des ingrédients naturels (huile végétale, par exemple), sauf si vous utilisez des préservatifs. En effet, les corps gras rendent le latex poreux : mieux vaut utiliser un gel adapté.

Les cicatrices (épisiotomie, déchirure)

Les blessures de périnée constituent la première barrière à la reprise des rapports. Durant les premiers jours, laissez cette zone à l'air libre aussi souvent que possible. En fonction des habitudes de la maternité dans laquelle vous avez accouché, il vous sera probablement délivré un savon désinfectant type Bétadine. Pensez à toujours vous essuyer d'avant en arrière lorsque vous allez aux toilettes. Vous pouvez également faire des bains de siège à la camomille. Buvez beaucoup d'eau afin de prévenir les crises de cystite, fréquentes après un accouchement.

L'effondrement maternel et la dépression post-partum

La dépression post-partum n'est pas à confondre avec le classique baby blues hormonal dit « du troisième jour ». Il s'agit d'une réelle dépression faisant suite à un effondrement maternel à prendre parfaitement au sérieux et qui peut s'installer sur le long terme. Les symptômes sont les mêmes que ceux d'une dépression classique (humeur morose, incapacité de se projeter dans l'avenir, fatigue, idée de suicide, etc.). Cette dépression est l'expression d'un effondrement qui survient en général immédiatement après l'accouchement. La mère peut tout à coup se sentir complètement désemparée suite au choc de la rencontre avec son bébé. Elle peut se sentir incapable d'être mère, malgré toute sa bonne volonté. Il est bien évident que dans ce contexte, tout désir peut complètement disparaître. Si vous sentez que cet état n'est dû ni au chamboulement hormonal suivant l'accouchement, ni à la fatigue des nuits entrecoupées (qui finiront progressivement par s'allonger, courage !), n'hésitez pas à prendre contact avec un thérapeute compétent. Si cela a des répercussions sur vos rapports avec votre bébé, et si vous vous sentez désemparée face à cette nouvelle fonction de mère, prenez contact auprès des unités mère-enfant de l'hôpital le plus proche, du service de maternologie de Versailles si vous avez la chance d'habiter à proximité, ou d'une association telle que « maman blues » (www.mamanblues.org).

Le proto-regard

« Quiconque a plongé son regard dans celui d'un enfant à peine né – quelques heures, quelques jours au plus – ne discerne pas sans émotion, dans le récit, la baroque réplique de ce qu'il a éprouvé. »

Christiane Singer, *Les Âges de la vie*,
éditions Albin Michel, 1990.

Une des meilleures techniques de prévention de cet effondrement maternel est de permettre l'échange de regard dit « proto-regard » entre la mère et son bébé dans les minutes qui suivent l'expulsion. Ce bébé, qui arrive d'un tout autre monde, a en effet un regard très particulier que l'on ne retrouvera plus par la suite. Certaines mères vont lui trouver un « regard plein de sagesse ». On remarque d'ailleurs que la première chose que recherche le bébé dès sa naissance, avant même de chercher à téter, c'est le visage de sa mère. Ce n'est qu'après avoir été accueilli dans les yeux de ses parents, qu'il va instinctivement être attiré par l'odeur des mamelons.

Dans vos bras, votre bébé recherche l'altérité à travers vos yeux. Nous ne pouvons réellement exister qu'au travers du regard de l'Autre. Un individu que l'être aimé ne regarde plus se sent mourir à petit feu. Pour naître, le nouveau-né a besoin de se sentir exister dans les yeux de sa mère. Il est extrêmement important que l'équipe soignante veille à ce qu'immédiatement après l'accouchement, la mère et son enfant puissent se plonger dans les yeux de l'autre. Ce regard sera le ciment d'un amour maternel indestructible.

RÉINVENTER UNE SEXUALITÉ

Il existe cependant des couples qui vivent avec joie ces retrouvailles après l'accouchement. **Certains hommes vivent avec plaisir le fait de se retrouver au lit avec une mère et non plus une jeune femme**, comme peut en témoigner Charles :

« *Depuis l'accouchement j'ai redécouvert sexuellement ma femme. Je la sens plus libre, plus affirmée, plus engageante. Dans un premier temps, cela m'a un peu décontenancé. Auparavant, c'était plutôt moi qui menait la relation sexuelle. Désormais nous sommes tous les deux sur un même pied d'égalité, ce qui rend nos relations, à mon sens, plus fusionnelles.*

J'ai l'impression qu'avant la grossesse il fallait que je fasse tout. Maintenant, j'ai l'impression qu'il y a un véritable échange entre nous. Son assurance me permet de plus m'abandonner à son désir qui semble plein. C'est comme si elle avait redécouvert son sexe. »

L'allaitement

L'ORGASME DE L'ALLAITEMENT

Nous avons vu que l'ocytocine, hormone de l'amour et de l'orgasme, jouait un rôle important dans le bon déroulement de l'accouchement. C'est cette hormone que nous retrouvons encore une fois sur notre chemin maternel puisqu'elle intervient dans le processus de

l'allaitement. **Nous sécrétons, lorsque nous allaitons, une incroyable dose d'ocytocine nous menant parfois à l'orgasme.**
Si cela vous arrive alors que vous êtes en pleine tétée, ne culpabilisez pas. Il ne s'agit pas d'une perversion, vous n'êtes pas en train de détourner votre désir sexuel sur votre bébé. Il est évident que vous n'envisagez absolument pas votre enfant comme un amant qui jouerait avec votre poitrine. Il s'agit tout bonnement d'une réaction hormonale, mélangée à cet état de béatitude que peuvent ressentir les mères nourricières en pleine symbiose avec leur nouveau-né. Bref, vous n'êtes ni une mauvaise mère, ni une perverse si vous ressentez cet orgasme de l'allaitement. Bien au contraire. Votre bébé ne peut que se sentir bien s'il perçoit que vous êtes heureuse de le nourrir. Profitez de cette plénitude et de cet amour infini qui se dessine entre votre enfant et vous.

ALLAITER SON MARI

« Je fantasme de me faire téter les seins par mon mari après l'accouchement. En gros, je fantasme qu'il boive mon lait... Je vous rassure, je ne vois rien d'érotique à allaiter son bébé, ce sont deux choses que je différencie complètement... Mais je crois que le fait que mon mari boive mon lait serait l'équivalent du fait que je puisse avaler son sperme (chose que j'adore !). »
Témoignage lu sur un forum.

Cette idée peut paraître complètement saugrenue, alors qu'il s'agit d'**une pratique et d'un fantasme relativement répandus**. Sur les forums traitant de la grossesse, beaucoup d'internautes masculins errent à la recherche de femmes enceintes acceptant de leur donner le sein ou, à défaut, de leur raconter leurs expériences sexuelles lactées. Et pourtant, quel homme ne s'est pas demandé, face à son bébé tétant goulûment sa maman, quel goût cela pouvait bien avoir ?

Sur un forum, une femme raconte avec consternation que son compagnon lui réclame la « tétée ». Immédiatement, elle avance une explication psychologique à cette « déviance » sexuelle : *« Cela démontre son immaturité. Il n'a probablement pas coupé le cordon ombilical avec sa mère. »* La vulgarisation de la psychologie aura eu pour effet négatif que chacun se sent désormais capable d'interpréter chaque faits et gestes et d'y voir un lien avec la petite enfance. Ainsi, si cet homme lui avait fait part de ce fantasme, c'est qu'il avait selon elle un problème à régler avec sa mère.

Goûter du lait de femme est une curiosité commune, au point qu'une fromagerie en a même fait sa spécialité : du « Fromage au lait de femme ». S'agit-il d'un canular ? Peut-être, peut-être pas. Sur le site http://membres.lycos.fr/petitsingly, la Fromagerie Cosma dirigée par Patrice Cosma met en vente un fromage au lait maternel, Le Petit Singly (faisant probablement référence au Petit Billy). Plusieurs spécialités labellisées « Bio » sont proposées à un prix moyen de 10 ou 15 euros. Le lait provient de mères donneuses présentées comme « décemment rémunérées » et soumises à un contrôle médical avant prélèvement. Cette fromagerie existe-t-elle vraiment ? On peut le supposer puisque le site comporte un bon de commande en ligne.

RETROUVER SON VAGIN DE JEUNE FILLE : LA MATERNITÉ ET LE PLAISIR VAGINAL

Après l'accouchement, il vous sera proposé de vous rendre à une série de **dix séances de rééducation périnéale**, dispensées soit par un kinésithérapeute, soit par une sage-femme. Je vous recommande vivement de ne pas négliger cela, même s'il faut bien admettre que nous n'avons pas toujours le temps de nous y rendre avec assiduité lors des premiers mois de vie de notre bébé. **Il est pourtant indispensable de prendre cela très au sérieux** : il en va de notre confort urinaire et sexuel.

Après avoir effectué ces dix séances, vous pouvez continuer à entretenir votre tonicité vaginale afin d'accroître votre plaisir ainsi que celui de votre partenaire :

Jouissez ! C'est le meilleur moyen d'entretenir vos muscles. Peut-être l'avez-vous remarqué, votre vagin se contracte involontairement, parfois violemment, lorsque vous avez un orgasme. Plus vous jouissez, plus vos muscles travaillent.

Portez des boules de geisha aussi souvent que faire se peut. Un bon rythme serait deux fois une heure chaque semaine. L'idéal étant de les porter pratiquement tous les jours, par tranche d'une heure, à des moments de la journée où vous vous trouvez en station debout. Vous pouvez par exemple les porter chaque fois que vous allez promener votre chien, faites du footing, ou passez l'aspirateur. Lorsque vous marchez, votre vagin enserre les boules sans même que vous ne vous en rendiez compte, faisant travailler vos muscles par la même occasion, afin de ne pas les laisser glisser et tomber au fond de votre culotte.

Continuez à effectuer chez vous les mêmes exercices de contraction que ceux que vous proposeront votre sage-femme ou votre kiné.
Amusez-vous à serrer le plus fort possible le sexe de votre partenaire lors de vos relations sexuelles. Cela entretiendra votre périnée, augmentera vos sensations, et lui apportera du plaisir en rendant plus étroit votre orifice.

Certaines femmes ne découvrent le réel plaisir de la pénétration vaginale qu'après avoir été mères. Tout ce travail de rééducation périnéale y est probablement pour beaucoup. Il s'agit souvent de la première fois dans notre vie que nous faisons travailler ces muscles, pourtant si importants dans la découverte de notre sensibilité vaginale. Beaucoup ne prennent réellement conscience qu'après un accouchement qu'elles disposent d'un vagin.

conclusion

La grossesse et l'accouchement sont des rites initiatiques qui ponctuent notre vie. Nous étions Filles, nous devenons Mères. Et maintenant que nous sommes Mères, nous devenons réellement Femmes. Cela ne signifie pas que les femmes qui n'ont pas accès à la maternité (ou ne souhaitent pas y avoir accès) sont condamnées à demeurer des jeunes filles, loin de moi cette idée. En général, elles parviennent à élaborer d'autres moments initiatiques clés qui leur permettront de s'épanouir dans leur féminité.

Ce corps qui a donné la vie est un corps de femme et non plus de jeune fille. Nous prenons de l'assurance. Renforcée, nous assumons mieux nos désirs. Il est donc temps pour nous d'abandonner les plaisirs immatures d'une sexualité adolescente pour réellement nous laisser aller à l'extase de la fusion et, par conséquent, du coït. Nous sommes désormais suf-

fisamment prêtes à accueillir en nous le sexe de notre partenaire, le sentir nous « effracter », comme l'accouchement nous a « effractées ».
Chaque mère est une déesse. Son sexe est un temple, lieu d'accueil et de recueillement. Lieu d'asile pour son enfant. Puit d'énergie et de réconfort pour l'être aimé. Quelle incroyable invention que ce corps qui jouit et enfante ! Ouvertes au monde, accueillantes, nous sommes la joie devant l'effraction.

Incontestablement, les mères sont les meilleures amantes.

Imprimé en France par EPAC Technologies
N° d'impression : 4550414324120
Dépôt légal : septembre 2007